MedR Schriftenreihe Medizinrecht

Herausgegeben von
Professor Dr. Andreas Spickhoff, Regensburg

Arbeitsgemeinschaft Rechtsanwälte
im Medizinrecht e.V.
Herausgeber

Arzthaftung – Mängel im Schadensausgleich?

Mit Beiträgen von
C. Bienstein, B. Buchner, R. Jungbecker, F. Pardey,
M. Petry, M. Teichner, U. Wandl

Springer

Arbeitsgemeinschaft Rechtsanwälte
im Medizinrecht e.V.
Posener Str. 1
71065 Sindelfingen

Schriftleitung

Dr. Ilse Dautert
Kastanienallee 20
26121 Oldenburg

Dr. Alexandra Jorzig
Westenhellweg 40–46
44137 Dortmund

ISBN 978-3-540-87624-3 ISBN 978-3-540-87625-0 (eBook)

DOI 10.1007/978-3-540-87625-0

MedR Schriftenreihe Medizinrecht ISSN 1431-1151

Bibliografische Information der Deutschen Nationalbibliothek
Die Deutsche Nationalbibliothek verzeichnet diese Publikation in der Deutschen Nationalbibliografie; detaillierte bibliografische Daten sind im Internet über http://dnb.d-nb.de abrufbar.

Herstellung: le-tex publishing services oHG, Leipzig
Umschlaggestaltung: WMXDesign GmbH, Heidelberg

Gedruckt auf säurefreiem Papier

9 8 7 6 5 4 3 2 1

springer.de

Vorwort

Das XIX Kölner Symposium der Arbeitsgemeinschaft Rechtsanwälte im Medizinrecht e.V. widmete sich dem Thema der Schadensregulierung in der Arzthaftung. Genauer: Gibt es Mängel im Schadenausgleich?

Das Ergebnis: Im Bereich der Schadenregulierung in der Arzthaftung (Personenschadenregulierung) gibt es eine Vielzahl von rechtsdogmatischen, aber auch praktischen Problemen. Für die Zukunft gilt es, hoffentlich auch auf der Grundlage der, auf dem Symposium angestoßenen Diskussion, um die Herausarbeitung wichtiger Aspekte rund um die Bewertung von gesundheitlichen Schäden, zu Gesamtschuldverhältnissen und Haftungshöchstbeträgen, der Abgrenzung zwischen materiellem und immateriellem Schaden, um den normativen Schadensbegriff an sich, die dazu ergangene Rechtsprechung, auch mit Blick auf die Vorschrift des § 287 ZPO. Interessant waren die Ausführungen zum hiesigen Schadenausgleich im europäischen Vergleich: Unüberschaubarkeit und Uneinheitlichkeit des deutschen Schadensrechtes allein rechtfertigen nicht unberechtigte Kritik. Es müssen, ggf. im europäischen Vergleich, Lösungen gefunden werden. Aber auch andere Rechtsordnungen kennen keinen „einheitlichen" Schadensbegriff. Die Grundsätze zur Durchsetzung bzw. zur Abwehr von Schadenersatzforderungen und einzelne Berechnungsmethoden konnten im Rahmen eines eintägigen Symposiums nicht umfassend thematisiert werden. Diesen Anspruch hatte das XIX. Kölner Symposium auch nicht.

Wichtig war es uns im Rahmen dieses Symposiums, die unterschiedlichen Standpunkte darzustellen, Grundlage und Anstoß für weitere Diskussionen zu werden. Denn so manche gesetzgeberische Rahmenbedingungen, aber auch die Ergebnisse der Rechtsprechung sind nicht zufriedenstellend. Ohne Diskussion, Kritik und nicht zuletzt Auseinandersetzung gibt es aber keine Rechtsfortbildung.

Mit zahlreichen Beispielen aus Theorie und Praxis haben die Referenten Grundsätze zur Durchsetzung oder zur Abwehr von Schadenersatzansprüchen und auch Berechnungsmethoden veranschaulicht. Referenten der Versicherungswirtschaft haben deutlich gemacht, dass die Problematik der Schadenregulierung im Bereich der Arzthaftung sehr differenziert zu betrachten ist. Dabei gibt es eine Vielzahl von Ansätzen im Bereich der dogmatischen Aspekte einer Tatbestands- und Rechtsfolgennorm, dem Haftungsgrund und dem Haftungsumfang.

Einig waren sich die Referenten und Diskussionsteilnehmer darin, dass das Ereignis einer dogmatisch, streitigen Auseinandersetzung rund um die Frage der Höhe des Personenschadens in den seltensten Fällen zu einer angemessenen Lösung des Konfliktes zwischen den Beteiligten führt. Es müssen im Einzelfall pragmatische Lösungen gefunden werden, die beiderseitige Interessen berücksichtigen.

Es kann und soll bei der Regulierung eines Personenschadens im Rahmen der Arzthaftung nicht (nur) maßgeblich darum gehen, ob und inwieweit die zugrunde gelegte Berechnungsformel allen Interessen gerecht wird, denn letztlich geht es, und darin waren sich die Diskussionsteilnehmer völlig einig, um eine interessensgerechte Schadenregulierung, jedenfalls dann, wenn der Haftungsgrund eindeutig geklärt ist.

Die Schadenregulierung in der Arzthaftung bleibt also auch in Zukunft ein aktuelles Thema.

Der vorgelegte Band enthält die vollständigen Referate und Diskussionsbeiträge.

An dieser Stelle sei der Ecclesia gedankt und allen, die an der Organisation dieses Symposiums beteiligt waren.

Ohne die engagierte und zuverlässige Mitarbeit der Leiterin der Geschäftsstelle der Arbeitsgemeinschaft in Sindelfingen, Frau Martina Pietsch, hätte sich dieser Band nicht erstellen lassen.

Ein besonderes Dankeschön gilt dem engagierten juristischem Lektorat des Springer Verlages unter der Leitung von Frau Brigitte Reschke sowie Frau Ulla Scholl-Kimling.

Sindelfingen, im August 2008

Ilse Dautert
Alexandra Jorzig

Inhaltsverzeichnis

Autorenverzeichnis

Bienstein, Prof. Christel
Universität Witten-Herdecke
Stockumer Str. 12, 58452 Witten

Buchner, Prof. Dr. Benedikt
IGMR Bremen
Uni Bremen, Fachbereich 6
Postfach 330440, 28334 Bremen

Jungbecker, Dr. Rolf
Rechtsanwalt
Schreiberstr. 20, 79098 Freiburg

Pardey, Frank
Richter am LG Braunschweig
Münzstr. 17, 38100 Braunschweig

Petry, Michael
Ecclesia Versicherungsdienst GmbH
Klingenbergstr. 4, 32758 Detmold

Teichner, Matthias
Rechtsanwalt
Neuer Wall 18, 20354 Hamburg

Wandl, Dr. Ursula
ReIntra GmbH
Dieselstr. 11, 85774 Unterföhring

Moderatoren

Jorzig, Dr. Alexandra
Rechtsanwältin
Westenhellweg 40 – 46, 44137 Dortmund

Uphoff, Dr. Roland
Rechtsanwalt
Heinrich-von-Kleist-Str. 4, 53113 Bonn

Normativer Schadensbegriff – Notwendigkeit und Angemessenheit als Kriterien für die Ersatzfähigkeit von Schadenspositionen; obergerichtliche Rechtsprechung zur Bemessung materieller Schäden, insbesondere des Pflegebedarfs und des Erwerbsschadens, Einfluss des § 287 ZPO

Frank Pardey

Jeder Schadensersatzanspruch setzt den Eintritt eines Schadens voraus. Wäre das Schadensrecht auf einen objektiven, pauschalen Ausgleich für den gesamten Personenschaden[1] ausgerichtet, wäre die Ersatzfrage im Einzelfall relativ einfach zu beantworten, noch einfacher, wenn der Durchschnitt Maßstab der Schadensregulierung wäre. Das deutsche Schadensrecht kennt aber anders als das Unfallversicherungsrecht mit festen Invaliditätsgraden keinen abstrakten pauschalen Ersatzanspruch wegen Hilfebedarfs oder Minderung der Arbeitsfähigkeit. Es kommt nicht auf eine abstrakte Beeinträchtigung (Minderung der Erwerbsfähigkeit[2]), sondern nur auf die konkrete Lebenssituation des betroffenen Individuums und deren tatsächliche, konkrete Belastung an. Es gibt nach dem Konzept der §§ 249 ff. BGB im heutigen Verständnis keinen objektiv typischen Durchschnittsaufwand zur Bewältigung eines Schadens im Einzelfall. §§ 249 ff., 842 ff. BGB gebieten, die konkreten Gegebenheiten zu würdigen. Der materielle Schaden lässt sich deshalb nicht im mathematischen Sinn mit festen Größen berechnen. Jede Sachentscheidung bleibt juristische Wertent-

---

1 Zu verschiedenen Haftungsmodellen im internationalen Vergleich Gaidzik in Arzthaftungsrecht – Rechtspraxis und Perspektiven, 2006, 77ff.

2 Zum Hausarbeitsschaden OLG Celle, Urt. v. 14.12.2006-14 U 73/06, OLGR Celle 2007, 41: Ein allgemeiner Verweis auf eine bestimmte prozentuale Minderung der Erwerbsfähigkeit oder der Fähigkeit zur Haushaltsführung genügt nicht, um einen Schaden darzulegen.

scheidung. Daraus erwachsen der Regulierungspraxis kaum vermeidbare Probleme, die aufgrund angemessener Wertigkeiten und einsichtiger, intersubjektiv nachvollziehbarer Kriterien mit dem Ziel bewältigt werden müssen, einen akzeptablen Geldausgleich zu ermitteln.

A. Natürlicher und normativer Schaden

Der Haftungsgrund entscheidet darüber, ob eine andere Person überhaupt schadensrechtlich verpflichtet oder das Lebens- und Schadensrisiko des Betroffenen real geworden ist. So setzt die Schadensersatzpflicht des Arztes oder Krankenhauses wegen einer Körper- oder Gesundheitsschädigung zunächst (u.a.) voraus, dass ein subjektives absolutes Rechtsgut des Patienten beeinträchtigt worden ist. Haftungsbegründend hat der Patient zu § 823 Abs. 1 BGB wie auch zum Vertragsanspruch[3] den Eintritt des Primärschadens[4] und der Ursächlichkeit[5] bzw. der grundsätzlich ausreichenden Mitursächlichkeit und das Verschulden[6] nachzuweisen. In diesem Kontext trifft den Juristen die Aufgabe, Fälle schicksalhaft fehlgeschlagener Behandlungsanstrengung von Fällen zurechenbarer Behandlungsschäden zu trennen.

Für das Ersatzrecht ist deliktisch die Betroffenheit als Rechtsgutsträger entscheidend, nicht eine wirtschaftliche Belastung. Deshalb steht zum Heilaufwand der Ersatzanspruch dem verletzten Minderjährigen zu und nicht seinen unterhaltspflichtigen Eltern, die z.B. die Besuchs- oder Fahrtkosten tragen. Ebenso steht zum Mehrbedarf der Anspruch wegen unentgeltlicher familiärer Pflegedienste nur der verletzten Person zu. Es kommt dagegen nicht zum Ersatzanspruch der Betreuungsperson, z.B. der Mutter, die sich verstärkt um ihr verletztes Kind kümmert. Deshalb haben selbst

[3] OLG Karlsruhe, Urt. v. 12.10.2005-7 U 132/04, NJW-RR 2006, 458.

[4] Dazu wird auch von der Primärverletzung oder dem ersten Verletzungserfolg, dem Rechtsgut- oder Verletzungsschaden gesprochen.

[5] So z.B. OLG Köln, Urt. v. 24.1.2007-5 U 6/04, GesR 2007, 325: Kommt für eine Muskelerkrankung neben einer toxisch-medikamentösen Ursache ein autoimmuner Prozess oder eine Infektion in Betracht, ist der Beweis der Ursächlichkeit der Medikamenteneinnahme für die eingetretene Erkrankung nicht geführt.

[6] Soll eine psychisch vermittelte, zur Dienstunfähigkeit führende Anpassungsstörung haftungsbegründender Gesundheitsschaden sein, ist das erforderliche Verschulden nur zu bejahen, wenn er nach objektivem, grundsätzlich an der Erfahrung des täglichen Lebens orientiertem Maßstab vorhersehbar gewesen ist, OLG Köln, Urt. v. 12.12.2006-3 U 48/06, NJW 2007, 1757.

engste Angehörige als mittelbar Betroffene einen Schmerzensgeldanspruch oder den Anspruch auf Ausgleich eines Verdienstausfalls auch nur dann, wenn sie durch eine Rechtsgutverletzung mit Krankheitswert[7] primär[8] beeinträchtigt sind.

Dagegen sind angesichts des von ihnen eingegangenen Behandlungsverhältnisses die Eltern anspruchsberechtigt zum schädigungsbedingten Mehraufwand für Pflege und Versorgung ihres Kindes, wenn eine solche Belastung Folge eines ärztlichen Fehlers bei der Behandlung des Kindes ist. So hat der Vater einen eigenen vertragsrechtlichen Ersatzanspruch zum Verdienstausfall, wenn er für sein infolge eines schuldhaften Behandlungsfehlers pflegebedürftiges Kind unter Aufgabe seiner Berufstätigkeit die notwendigen Pflegeleistungen erbringt[9].

I. Reale Beeinträchtigung

Schaden ist die Verschlechterung des Rechtsgutes und bei Vertragspflichtverletzungen primär der Vermögensschaden.

Die wertneutrale Differenzhypothese stellt als wertneutrale Rechenoperation zwei Gegebenheiten gegenüber. Die Differenz zwischen der unbeeinträchtigten hypothetischen und der realen verletzungsbedingten Lage ist der natürliche, reale Schaden.

So ist der Zustand des Rechtsgutes unmittelbar vor dem schädigenden Ereignis mit dem Zustand nach dem schädigenden Ereignis zu vergleichen und weist der Unterschied die reale Beeinträchtigung, den natürlichen Schaden aus. Im Ansatz ähnlich bedingt die Verursachung eines negativen Vermögenswertes (i.S.d. § 249 BGB) einen positiven Schaden wie die Verhinderung eines Vermögenszuwachses einen ausgleichsfähigen Schaden.

---

7 Nach ständiger Rechtsprechung setzt der Begriff der Krankheit einen anomalen körperlichen, geistigen oder seelischen Zustand voraus, der den Betroffenen in der Ausübung normaler psychischer oder körperlicher Funktionen beeinträchtigt, so dass er medizinischer Behandlung bedarf.

8 Ansprüche mittelbar Geschädigte regeln §§ 844, 845 BGB.

9 OLG Frankfurt, Urt. v. 19.5.1993-13 U 16/92, VersR 1994, 942, Beurlaubung als Beamter.

II. Wertende Differenzbetrachtung

Das Fehlen eines Geldaufwands ändert nach ganz herrschender Ansicht nichts am wirtschaftlichen Schaden, wie im Fall der Eigenreparatur der beschädigten Sache[10] allgemein akzeptiert wird. Denn auch derjenige, der den ausgleichsfähigen Schaden wirtschaftlich (als unfreiwilliges Vermögensopfer) determiniert, kommt nicht daran vorbei, dass § 249 Restitution in der Form des Geldersatzes vorsieht und die Herstellung des beeinträchtigten Rechtsguts im Prinzip von wirtschaftlichen Faktoren bzw. vom Umfang der Minderung des Vermögens unabhängig ist. Es wird dann freilich von fiktivem Schaden[11] oder von fiktiver Abrechnung gesprochen, insbesondere bei der Regulierung des Kfz-Schadens nach Gutachten, also der Kalkulation von Reparaturkosten[12]. Den Gedanken vom fiktiven Schaden trägt bei Beeinträchtigung von Eigentum oder Besitz, dass betroffene Sachen, insbesondere ein Kraftfahrzeug, regelmäßig einen (Substanz-) Vermögenswert in sich selbst haben. Bei der Betroffenheit von Körper und Gesundheit hilft das nicht, weil es für die Person, zur Menschenwürde, Persönlichkeit und körperlichen Integrität keinen vergleichbaren objektiven Wertansatz gibt.

Der BGH[13] macht den Schaden indessen nicht vom rechnerischen Minus bei Vergleich der infolge des haftungsbegründenden Ereignisses eingetretenen Vermögenslage mit derjenigen abhängig, die ohne jenes Ereignis eingetreten wäre. Ausschlaggebend ist vielmehr die normative Kontrolle zur Vermögensminderung unter Einbeziehung aller maßgebenden Um-

---

[10] Zu Abrechnungsmodalitäten beim Sachschaden mit der Möglichkeit zum Wechsel der Abrechnungsart bis zur Erfüllung, d.h. bis zu dem Zeitpunkt, in dem der Verletzte das volle wirtschaftliche Äquivalent für das beschädigte Recht erhält, BGH, Urt. v. 17.10.2006-VI ZR 249/05, NJW 2007, 67.

[11] Es gibt nach BGHZ 168, 161 sogar einen fiktiven Anspruch auf Schmerzensgeld bei der Ermittlung des Umfangs des fiktiven zivilrechtlichen Schadensersatzanspruchs: Ein Sozialversicherungsträger kann wegen der von ihm erbrachten Aufwendungen beim Rückgriff nach § 110 SGB VII grundsätzlich auch auf den fiktiven Schmerzensgeldanspruch des Geschädigten gegen den nach den §§ 104 ff. SGB VII haftungsprivilegierten Schädiger zurückgreifen.

[12] Aus praktischen Gründen soll es für eine ausgleichsfähige Differenz zwischen geschätztem (fiktiven) Wiederbeschaffungsaufwand (unter Abzug des Restwerts) und den fiktiv genannten Reparaturkosten (unterhalb des Wiederbeschaffungswerts ohne Restwertabzug) eine Fälligkeitsfrist von 6 Monaten zur Abrechnung geben, obwohl es um den Nachweis der Wahrung des Integritätsinteresses geht, BGHZ 168, 43.

[13] BGHZ 161, 361.

stände und der Verkehrsauffassung. Geboten ist die wertende Überprüfung des anhand der Differenzhypothese gewonnenen Ergebnisses gemessen an dem Schutzzweck der Haftung und an der Ausgleichsfunktion des Schadensersatzes[14]. Normativer Schaden[15] ist m.a.W. der Nachteil, der sich nicht rechnerisch als Differenz zeigt, sondern wertender Betrachtung bedarf. Die Differenzhypothese wird quasi ergänzt um das Erfordernis von (Be-) Wertungen. Unter Berücksichtigung des Schutzzwecks der einschlägigen Norm - also aus einer Norm hergeleitet - soll die normative Korrektur des rein (betriebs-, arbeits-) wirtschaftlichen Ergebnisses der wirtschaftlichen Differenz erfolgen. Wirtschaftlich gesehen wird der Schaden fingiert, um normativ zu erreichen, dass der Schaden für den Geldausgleich zwischen Schädiger und Verletztem auf den Ausgleichszweck des Schadensrechts bezogen bestimmt wird und eine angemessene Schadensregulierung erfolgen kann.

Zu den Fällen der normativen Fortdauer des Schadens besteht weitgehend Einigkeit. Dies betrifft die Legalzession, zu der einhellig ein Schaden der verletzten Person bejaht wird, auch wenn der Verletzte in Folge der Drittzahlung keine wirtschaftliche Einbuße (mehr) spürt, schadensfrei ist. Dem gesetzlichen Forderungsübergang liegt der Gedanke der Schadensverlagerung zugrunde[16].

Davon zu unterscheiden sind Fälle der normativen Begründung eines Schadens, d.h. dann, wenn keine Vermögensbelastung zu ersehen ist. Hier spricht der BGH von der Einbuße, die als geldwert in der Vermögensbilanz in Erscheinung treten muss. So wird die Schadensrechnung als fiktiv oder normativ bezeichnet, wenn keine Ersatzkraft eingestellt wird, um einen Ausfall bei der Hausarbeit auszugleichen. So heißt es beim BGH[17], es sei bei unentgeltlicher Schadensabhilfe der Wert der von Familienangehörigen erbrachten, erforderlichen Pflegedienste mit objektivierbarem Ver-

---

14 Beachte BGH, Urt. v. 10.7.2007-VI ZR 192/06, VersR 2007, 1536.

15 Zur normativen Schadensbetrachtung der Praxis insbesondere Steffen NJW 1995, 2057 und Schiemann NZV 1996, 1.

16 BGH aaO, VersR 2007, 1536. Der gesetzliche Forderungsübergang soll bewirken, dass die Leistungen des Sozialversicherungsträgers, Dienstherrn oder sonstigen Leistungsträgers aus Anlass der Schädigung weder dem Schädiger zugute kommen noch zu einer doppelten Entschädigung des Geschädigten führen, und sicherstellen, dass Leistungen sozialer Sicherung und sozialer Fürsorge, die durch Opfer und Leistungen anderer aufgebracht werden, nicht demjenigen zugute kommen, der den Schadensfall verantwortlich herbeigeführt hat.

17 BGHZ 106, 28; BGH, Urt. v. 8.6.1999-VI ZR 244/98, NJW 1999, 2819 = VersR 1999, 1156.

mögenswert abzurechnen, weil bzw. wenn die Pflegeleistung die Vermögenssphäre betrifft.
Zwangsläufig ist der Inhalt des normativen Schadens diffus, der auf das Ergebnis fixiert ist (das normativer Schaden genannt wird). Voraussetzungen sind nicht klar erkennbar, nicht wirklich überprüfbar ausgeformt. Im Prinzip wird auf der Grundlage einer wirtschaftlichen Schadensorientierung nur der zugrunde gelegte Gegensatz zum wirtschaftlichen Schaden faktisch aufgehoben. Marktverhältnisse sollen über einen Marktwert Aufschluss geben, obwohl es um Schadensbewältigung angesichts der Beeinträchtigung des Verletzten bei der unentgeltlichen Hilfe durch eine dritte Person außerhalb der Regeln des „Markts" geht.

Den Charakter als Vermögensschaden betont der BGH[18] zu dem durch das Haftungsereignis bedingten tatsächlichen geldwerten Arbeitsaufwand, auch bei unentgeltlichem Einsatz der Arbeitskraft Dritter, unabhängig vom Entgang eines Verdienstes. Es soll nichts anders gelten als zu der verhinderten geldwerten Arbeitsleistung. Für die Pflege, die nur auf den Angehörigen bezogen ist, sonst nicht erbracht worden wäre, hilft auch dies für sich gesehen nicht entscheidend weiter.

B. Pflege als vermehrter Bedarf

Jede verletzte Person verdient optimale Begleitung, Betreuung und Unterstützung. Jeder Pflegebedürftige soll die Hilfe erhalten, auf die er wegen seiner Pflegebedürftigkeit angewiesen ist[19]. Die Selbstbestimmung Behinderter[20], ihre gleichberechtigte Teilhabe am Leben in der Gesellschaft ist zu fördern. Benachteiligungen muss entgegenwirkt werden[21]. Darüber besteht Einigkeit.

Meinungsunterschiede zur angemessenen Ersatzleistung wegen eines personellen Pflegemehrbedarfs sind dadurch zu verringern, dass das „schadensrechtliche Pflegegeld" ähnlich wie das unfallversicherungsrecht-

---

18 BGHZ 131, 220 = NJW 1996, 921.

19 Auf die entsprechende Aufgabe der Pflegeversicherung im Sinne der solidarischen Unterstützung geht § 1 Abs. 4 SGB XI ein.

20 Nach § 2 Abs. 1 Satz 1 SGB IX sind Menschen behindert, wenn ihre körperliche Funktion, geistige Fähigkeit oder seelische Gesundheit mit hoher Wahrscheinlichkeit länger als sechs Monate von dem für das Lebensalter typischen Zustand abweicht und daher eine Teilhabe am Leben in der Gesellschaft beeinträchtigt ist.

21 Vgl. § 4 SGB IX.

liche Pflegegeld unter Berücksichtigung der Art oder Schwere der Gesundheitsverletzung nach dem Umfang der erforderlichen Hilfe festgesetzt wird.

I. Mehrbedarf

Vermehrt sind Bedürfnisse im Vergleich zur Lage bei einem gesunden Menschen[22] wegen einer dauernden Funktionsstörung. Betroffen sind der Lebenszuschnitt, die höchstpersönlichen Lebensbedingungen, aber nicht die Kosten der Lebenshaltung oder die Vermögensbildung, nicht die Lebensfreude.

Ein Mehrbedarf kann in allen Lebensbereichen auftreten, zu persönlichen Verrichtungen, zum Haushalt und Wohnen, zu Kommunikation, Mobilität, Gestaltung der Freizeit und der Teilnahme am Kulturleben und wegen des Urlaubs. Ein sachlicher Mehr-, Sonderbedarf zeigt sich z.B.[23] bei erhöhten Ausgaben für Verpflegung und Ernährung (etwa wegen einer Diät und deshalb besonderes Verpflegungskosten), bei Aufwendungen für Kuren und orthopädische Hilfsmittel sowie als Pflegekosten und Kosten für Haushaltshilfen in Betracht[24].

Wie ggf. sozialrechtlich Hilfsmittel im Kontext einer Krankenbehandlung mit der Zuständigkeit der Krankenkasse (SBG V) [25] vom Kontext einer Pflege (SGB XI) bzw. einer Behinderung (SGB IX) zu trennen sind, kann hier auf sich beruhen. Die Ersatzpflicht des Schädigers erweitert dies nicht, verringert dies aber auch nicht.

---

[22] Deswegen sind (auch) schadensrechtlich z.B. allgemeine Gebrauchsgegenstände des täglichen Lebens, das sind solche, die allgemein im täglichen Leben verwendet werden, nicht ersatzfähig. Ersatzfähig sind dagegen Geräte für spezielle Bedürfnisse behinderter Menschen, die ausschließlich oder jedenfalls überwiegend von diesem Personenkreis genutzt werden, z.B. Rollstuhl mit Einhandantrieb und als Standardzubehör einem Gelkissen.

[23] Zu ersetzen sind z.B. Seminarkosten, aber nicht Kosten für eine Teilnahme am Seminar des Arbeitskreises Kunstfehler in der Geburtshilfe, OLG Hamm Urt. v. 30.5.1990-3 U 18/89.

[24] BGH, Urt. v. 20.1.2004-VI ZR 46/03, NJW-RR 2004, 671 = VersR 2004, 482.

[25] Zur Erforderlichkeit von Hilfsmitteln zur Sicherung des Erfolgs einer Krankenbehandlung bzw. zur Vorbeugung bei einer drohenden Behinderung oder zum Ausgleich einer Behinderung zu Lasten der gesetzlichen Krankenversicherung, wenn der Einsatz zur Lebensbetätigung im Rahmen der allgemeinen Grundbedürfnisse benötigt wird, s. § 33 SGB V.

1. Schutz der körperlichen Integrität, Restitution

§ 843 BGB ist durch den Bedarfsaspekt eng mit § 249 BGB verzahnt. Schadensbeseitigung ist gem. § 249 Abs. 1 BGB grundsätzlich „in natura“ durch Herstellung des unbeeinträchtigten Zustandes zu leisten. Die besondere Form der Herstellung i.S.d. § 249 Abs. 2 BGB begünstigt die verletzte Person, die sich der Aufgabe des Schädigers in „Eigenregie“ annimmt. Dieses Wahlrecht ist eröffnet, weil es dem Verletzten nicht zuzumuten ist, die Herstellung der Integrität des Körpers und der Gesundheit demjenigen „anzuvertrauen“, der für die Beeinträchtigung und Verletzung verantwortlich ist. Er darf deshalb selbst entscheidenden Einfluss auf die Herstellung nehmen.

Dass es bei dem Ausgleich der realen Beeinträchtigung – gesundheitlichen und wirtschaftlichen Folgen – um den Gesichtspunkt der Naturalrestitution mit dem Geldersatz nach § 249 Abs. 2 BGB geht, zeigt der BGH[26], der darauf zum Mehrbedarf für behindertengerechten Wohnraum (also beim ausstattungsmäßigen und räumlichen Wohnmehrbedarf) eingeht. Zur Pflege stellen das Gleiche das OLG Bamberg[27] und das OLG Köln[28] heraus. Deshalb genügt die Feststellung der realen Beeinträchtigung durch den Hilfe-, Pflegebedarf und der notwendigen Abhilfe, um feststellen zu können, dass es einen ausgleichsfähigen Schaden gibt. Der Gedanke des normativen (Vermögens-) Schadens, der inhaltlich nichts anderes will, scheint insofern eigentlich entbehrlich. Das Erhaltungsinteresse schließt indessen subjektive, individuelle und gewisse immaterielle Belange ein, die dem Vermögensschaden wesensfremd sind.

Beim Sachbedarf (Materialien, Hilfsmitteln) und (beschädigten) Sachen ist der Wertersatz i.S.d. § 251 BGB als Entschädigung in Geld[29] häufig

---

26 BGHZ 163, 351 = NJW 2006, 1271.

27 OLG Bamberg, Urt. v. 28.6.2005-5 U 23/05, VersR 2005, 1593: Anspruch auf Förderung, die Leistungsfähigkeit soweit als möglich dem Stand anzunähern, die er bei normaler körperlicher und geistiger Entwicklung und normaler schulischer Ausbildung erlangt worden wäre.

28 OLG Köln, Urt. v. 29.9.2006-19 U 193/05, NJOZ 2007, 366, wobei ausdrücklich Hilfestellungen im Krankenhaus und Pflegeleistungen im häuslichen Bereich angesprochen werden.

29 Ob die Beschaffung orthopädischer Hilfsmittel - z.B. einer Prothese - nach Maßgabe des § 251 BGB abzuwickeln ist, weil die Herstellung durch Behandlung unmöglich ist, oder über § 843 BGB ein Fall des § 249 BGB bleibt, mag an dieser Stelle auf sich beruhen bleiben. Das Schmerzensgeld dient dann z.B. zusätzlich dem Ausgleich von Beschwernissen, die mit der Eingliederung und Benutzung der Prothese im Allgemeinen verbunden sind, und u.U. dem Ausgleich zur Beein-

nicht niedriger als der zur Herstellung i.S.d. § 249 BGB erforderliche Geldbetrag. Im Ergebnis kann dann offen bleiben, ob § 249 BGB oder § 251 BGB herangezogen wird. Zum personellen Pflegeeinsatz ist an die Anwendung des § 251 BGB wegen der Unmöglichkeit der Beseitigung der dauerhaften Behinderung zu denken. Zur Schadensregulierung könnte dann konsequenterweise strikt nach objektiven Marktwerten zu suchen sein. Denn die Pflicht des Schädigers zur Kompensation wahrt lediglich das Vermögensinteresse des Betroffenen und Vermögenswerte. § 843 BGB geht aber nicht auf Vermögensvorstellungen des § 251 BGB ein und spricht nicht von einer wirtschaftlichen Vergleichbarkeit oder Unzumutbarkeit für den Schädiger.

Zudem kann die Lebensqualität[30] bzw. der Lebensstandard immerhin soweit als möglich erhalten bzw. soweit als möglich wiederhergestellt werden, d.h. die beeinträchtigte individuelle Lebensführung kann soweit als möglich an die frühere bzw. die unbeeinträchtigte Lebensführung angenähert werden[31]. Es geht um die Herstellung oder Wahrung zwischenmenschlicher Beziehungen. Insgesamt geht es um den Aufwand, der wegen der durch den Schädiger veränderten Umstände zur Linderung des dauernder Gesundheitszustandes, der die einwandfreie Ausübung normaler Körperfunktionen ganz oder teilweise nicht mehr zulässt, oder zur Vermeidung der Verschlechterung von gesundheitlichen Störungen in Frage steht.

Den Umfang des Ersatzes bei vermehrten Bedürfnissen, insbesondere zur Pflege, bestimmen deshalb nach der hier vertretenen Ansicht i.S.d. § 249 BGB oder jedenfalls nach dem beschriebenen normativen Schadensprinzip die objektivierte Erforderlichkeit der Abhilfemaßnahmen und die Angemessenheit des Geldausgleichs. Dies orientiert sich an der „sinnvollen Disposition" des Verletzten[32]. Die Zumutbarkeit für den Verletzten ist ergänzendes Kriterium der Schadensbemessung.

trächtigung einer konkret von Entzündungsprozessen begleiteten Benutzung. Ein wirklicher Schadensausgleich ist nicht zu erreichen, allenfalls mittelbar ansatzweise zu bewirken.

30 Soweit der Mehrbedarf ebenso wie das auf die Lebensqualität und die Selbstverwirklichung sowie Selbstbestimmung ausgerichtete Schmerzensgeld auf die Minderung der Lebensqualität eingeht, ist eine mehrfache Entschädigung desselben Interesses auszuschließen.

31 Vgl. BGH, Urt. v. 19.5.1981-VI ZR 108/79, NJW 1982, 757 = VersR 1982, 238.

32 BGH, Urt. v. 10.11.1998-VI ZR 354/97, NJW-RR 1999, 1115; zur Disposition, „die ein verständiger Geschädigter bei der von ihm in zumutbarer Weise gewählten Lebensgestaltung getroffen hätte" auch BGH, Urt. v. 8.11.1977-VI

Wird der Arzt wegen einer planwidrigen unterhaltsrechtlichen Last[33] in Anspruch genommen, geht es um wirtschaftliche Folgen als Schaden[34] unter Beachtung der Reichweite vertragsrechtlicher Schutzwirkungen. Ein Pflegemehrbedarf ist wegen des Unterhaltsbedarfs des Kindes und der korrespondierenden Unterhaltspflicht Teil des den Eltern zu ersetzenden Vermögensschadens. Im Vergleich mit dem Restitutionsaufwand des Kindes bei gesundheitlicher Beeinträchtigung gelten aber zu diesem Vermögensschaden der Eltern keine spezifischen Kriterien. Dass die mit der Beeinträchtigung der Gesundheit verbundene Betroffenheit des Kindes in diesem Kontext immateriell ist, betrifft seine notwendige Pflege nicht.

2. Keine Dispositionsfreiheit zum Geldersatz

Da beim Mehrbedarfsschaden der ideelle Bezug der Gesundheitsverletzung im Vordergrund steht, gibt es keinen fiktiven Ausgleich mit freier Verwendung des Ersatzbetrages, also keine Dispositionsfreiheit. Dies trennt den Mehrbedarf vom Schmerzensgeld. Durch die Zubilligung des Schmerzensgeldes soll der Verletzte in die Lage versetzt werden, sich Erleichterungen und andere Annehmlichkeiten zu verschaffen, und Be-

---

ZR 117/75, VersR 1978, 149 = r+s 1978, 82 sowie OLG Stuttgart, Urt. v. 30.1.1997-14 U 45/95, VersR 1998, 366 m. BGH NA-Beschl. 14.10.1997, und mit Betonung des konkreten Bedarfs im Einzelfall OLG Bamberg, Urt. v. 28.6.2005-5 U 23/05, VersR 2005, 1593; zur „Disposition, die ein verständiger Geschädigter in der besonderen Lage des Geschädigten getroffen hätte", BGHZ 163, 351 = NJW 2006, 1271.

33 Das ist der Aufwand für die Existenzsicherung, ggf. ein Grund- und Mehrbedarf, im Einzelfall sogar ein unterhaltsrechtlicher Sonderbedarf. Beachte Mörsdorf-Schulte in NJW 2007, 964 zu BGH, Urt. v. 14.11.2006-VI ZR 48/06, NJW 2007, 989 = VersR 2007, 109, wonach das Bar-Existenzminimum des Kindes als 135 % des Betrags nach der RegelbetragsVO eingeschätzt und der Wert der Betreuung durch einen „Zuschlag" in Höhe des Barunterhalts erfasst werden kann, wobei die Höhe des Barunterhalts erreicht werden kann, aber nicht muss und der Betreuungsaufwand mit zunehmendem Alter des Kindes ggf. verringert ist. Ein kinderbezogene Anteil im beamtenrechtlichen Zuschlag und kinderbedingte Steuervorteile bleibenunberücksichtigt, BGH v. 11.6.1991, BGHR § 249 BGB Unterhaltsaufwand 1 im Anschluss an BGHZ 76, 259 = NJW 1980, 1452.

34 Zur Schmerzensgeldbemessung bei ungewollter Sterilisation OLG Koblenz, Urt. v. 13.7.2006-5 U 290/06, NJW 2006, 2928 (22-jährige Zweitgebärende), OLG Oldenburg, Urt. v. 2.8.2006-5 U 16/06, NJW-RR 2007, 1468.

schwernisse zu lindern, die er durch die immaterielle Beeinträchtigung erfährt[35].

Die Verwendungsfreiheit ist freilich bei Vermögensschäden zu bejahen. Denn wie der Betroffene sein Vermögen verwendet, geht den Schädiger nichts an. Wer also zur Pflege auf den Ausgleich als Vermögensschaden abstellt, muss gesondert rechtfertigen, dass dem Betroffenen die Freiheit verwehrt ist, den Zweck des Ersatzes zu bestimmen.

Für Stärkungsmittel[36] als vermehrtem Bedarf, hat der BGH[37] den Schädiger zahlen lassen, obwohl der betroffenen Person das Geld gefehlt hat, um die Mittel zu erwerben, die deshalb nicht eingenommen worden sind. Grund für den aufgezwungenen Verzicht ist die mangelnde finanzielle Freiheit und Möglichkeit. Verursachte hat den Verzicht auf die indizierte, nach ärztlicher Einschätzung zur Wiederherstellung der Gesundheit gebotene Maßnahme der zur Restitution verpflichtete Schädiger. Aus normativen Gründen ist er dann von seiner Ersatzschuld nicht zu befreien, selbst wenn Verzugsvoraussetzungen zu verneinen sind. Es muss bei der Rechtsstellung des Verletzten bleiben, die gegeben wäre, wenn der Schädiger nicht pflichtwidrig gehandelt hätte. Dieser Ansatz legitimiert die Entscheidung des BGH noch heute.

Niemals darf es dagegen zum Geldersatz im Widerspruch zur Wirklichkeit kommen: Solange es einer Abhilfe wegen unerheblicher Beeinträchtigung der Gesundheit nicht bedarf, also nichts wiederherzustellen ist, mag oberhalb einer Bagatelle Schmerzensgeld geschuldet sein. Geldersatz i.S.d. §§ 249, 251, 843 BGB ist aber nicht zu leisten. Deshalb bleiben auch selbstverständliche Hilfen in der Familie bis 1 Stunde täglich[38] (z.B. zum Wäsche aufhängen, Einkäufe tragen, Putzen) ersatzlos. Es fehlt an einer relevanten Beeinträchtigung als realer Mehrbedarf oder es sind die Kriterien der Schadensminderung zu Lasten des Betroffenen heranzuziehen. Auf einen Mindestzeitraum der Beeinträchtigung von z.B. 6 Monaten ist andererseits ebenso wenig abzustellen, wie es eine allgemeine, abstrakte zeitliche Limitierung zur Pflege ausscheidet.

---

[35] BGH, Urt. v. 15.5.2007-VI ZR 150/06, NJW 2007, 2476.

[36] Bei fehlender Substanziierung sind geltend gemachte Stärkungsmittel deshalb nicht erstattungsfähig, OLG Köln, Urt. v. 21.3.1989-1 U 146/88, r+s 1989, 400.

[37] BGH, Urt. v. 16.10.1954-VI ZR 196/57, VersR 1958, 176 = NJW 1958, 62.

[38] Vgl. OLG Hamm, Urt. v. 29.11.1995-13 U 202/92, BGH NA-Beschl. v. 19.11.1996.

Im Übrigen gibt es Geldersatz nur wegen durchgeführter bzw. durchzuführender Maßnahmen[39], keine Geldzahlung zu fiktiv gesteigerten eigenen, höchstpersönlichen Bedürfnissen bzw. zu fiktiven Kosten der unterbliebenen Behandlung oder Pflege. Derjenige, der auf Abhilfe (ganz oder teilweise) verzichtet, erhält im Umfang dieses Verzichts keinen Geldausgleich zum Mehrbedarf für die bloß fiktive Pflege(bedürftigkeit). Behilft sich der sich für pflegebedürftig haltende Verletzte selbst, nimmt er keine Hilfsmittel und keine Hilfe eines Drittes in Anspruch, gibt es also keinen (fiktiven) Pflegekostenersatz.

II. Erforderlichkeit

Die Erforderlichkeit kann sich auf das „Ob", ein „Wann" und das „Wie" der Schadensbeseitigung beziehen. Den Beurteilungsfreiraum überantwortet der BGH[40] dem Tatrichter, der § 287 ZPO anzuwenden hat. Jede praktische Lösung erschwert es, dass der Schadensausgleich zum Personenschaden anders als zu reinen Vermögensschäden meist zukunftsfixiert bzw. -orientiert ist, die zukünftige Entwicklung einzuschätzen und nicht rückblickend eine Klärung herbeizuführen ist.

1. Notwendigkeit – Angemessenheit – Zweckmäßigkeit – Zumutbarkeit

§ 843 BGB gewährleistet die Minimalversorgung. Nach Art und Umfang im Sinne der Unentbehrlichkeit, Unvermeidbarkeit, Unverzichtbarkeit notwendige, gebotene Maßnahmen geben einen Mindeststandard vor. Die schadensrechtliche Notwendigkeit ist von der sozialrechtlichen Notwendigkeit des Pflege- und Krankenversicherungsrechts[41] zu trennen. Eine Relation zwischen Kosten und Nutzen wie bei der Krankenversicherung und in gewisser Weise der Pflegeversicherung wegen der Versichertengemein-

---

39 Zu fiktiven Behandlungskosten, die den Schädiger nicht zur Zahlung verpflichten, und zur Stärkemittelentscheidung des BGH im Einzelnen Pardey, Berechnung von Personenschäden, 3. Aufl., Rn. 736 ff., 831.

40 Vgl. BGHZ 115, 364 = VersR 1992, 61.

41 S. § 2 SGB V, § 12 SGB V und § 29 Abs. 1 SGB XI. Zum Begriff der notwendigen Krankenbehandlung im SGB V Fastabend NZS 2002, 299 und zum Begriff der medizinischen Notwendigkeit in der Privaten Krankenversicherung Marlow/Spuhl VersR 2006, 1334; zum medizinischen Existenzminimum Neumann NZS 2006, 393, zu Kosten der stationären Psychiatrie und Psychotherapie in der privaten Krankenversicherung Berst VersR 2007, 1172 ff.

schaft gibt es für das Verhältnis Schädiger – Verletzter nicht[42]. Eher ist individualisiert und konkretisiert an den Bedarf i.S.d. der gesetzlichen Unfallversicherung anzuknüpfen.

I.S.d. §§ 249, 843 BGB sind Leistungen, Maßnahmen und Kosten als erforderlich anzusehen, die zur Behebung des Schadens angemessen erscheinen und zweckmäßig sind. Angemessen ist, was zur Linderung pflegerisch geeignet ist. Es genügt eine Eignung, die Pflegebedürftigkeit zu mindern, zu überwinden oder jedenfalls die Verschlimmerung zu verhüten. Eine gewisse Eignungs-, Qualitätskontrolle eingeleiteter bzw. vorgesehener Maßnahmen, insbesondere bei unentgeltlichen Pflege[43], ist dadurch sicher zu stellen, dass die vom Verletzten veranlasste oder von ihm geplante Leistung nicht absehbar - auf Dauer – eher zu weiteren Belastungen führen darf, als dass geholfen werden kann. Grundsätzlich kommt es aber nicht darauf an, ob der Aufwand zum Erfolg führt, z. B. bei Sprechübungen.

Ob die Zweckmäßigkeit emotionslos sein muss, ist vom BGH bisher nicht abschließend geklärt. Sind mehrere Mittel oder Wege gleichrangig oder „gleichwertig", nimmt das Verhältnismäßigkeitsprinzip und die Schadensminderungspflicht Einfluss auf die Auswahl. In erster Linie muss aber der gleiche individuelle Rang bzw. die individuelle Gleichwertigkeit hinterfragt werden. Der Geschädigte ist nach dem aus dem Grundsatz der Erforderlichkeit hergeleiteten Wirtschaftlichkeitsgebot zu Vermögensschäden gehalten, im Rahmen des Zumutbaren von mehreren möglichen den wirtschaftlicheren Weg der Schadensbehebung zu wählen[44]. Beim Personenschaden darf es wegen der körperlichen Integrität und der gesundheitlichen Lage aber nicht zu einer solchen Wirtschaftlichkeitsbetrachtung kommen. Denn es gibt kein nachvollziehbares Wirtschaftlichkeitsprinzip zu der Restitution, die von wirtschaftlichen Größenordnungen gerade un-

---

42 Das Wirtschaftlichkeitsprinzip des Krankenversicherungsrechts ist auf den versprochenen Leistungsinhalt bezogen.

43 S. z.B. OLG Bremen, Urt. v. 21.4.1998-3 U 45/06, NJW-RR 1999, 1115: „Die Betreuung in einer betreuenden Einrichtung könnte für den erwachsen gewordenen Betroffener geeigneter sein. Entscheidend bleibt aber dass die Versorgung unter Einsatz des Vaters stets gewährleistet war und der Pflegezustand des Betroffenen unter anderem auch von der langjährigen Schulleiterin als ausgezeichnet beschrieben ist."

44 S. u.a. BGH, Urt. v. 9.5.2006-VI ZR 117/05, NJW 2006, 2106 = VersR 2006, 986 und NJW 2007, 2758 = NZV 2007, 514 = VersR 2007, 1144 = DAR 2007, 510 zum Bereich der Mietwagenkosten dahin konkretisierend, dass von mehreren auf dem örtlich relevanten Markt erhältlichen Tarifen für die Anmietung eines vergleichbaren Ersatzfahrzeugs innerhalb eines gewissen Rahmens grundsätzlich nur der günstigeren Mietpreis ersetzt verlangt werden kann.

abhängig ist. Dies betrifft die Pflege nicht anders als die Heilung. Die individuelle, subjektive Ausrichtung versagt es bei vermehrten Bedürfnissen sogar noch in einem höheren Maß als zur Heilung, objektivierend den unterschiedlichen Lebenslagen und Bedürfnissen wirtschaftlich gerecht werden zu wollen. Stehen verschiedene Arten der Betreuung (Heimunterbringung, Einstellung einer fremden Pflegekraft, häusliche Pflege) in Frage, bestimmt sich deshalb die Höhe des Anspruchs im Kern „weder nach der kostengünstigeren noch nach der aufwändigeren Möglichkeit“, sondern ausschließlich nach dem Bedarf, der in der zumutbarerweise gewählten Lebensgestaltung anfällt[45].

Umfang und Qualität müssen den individuellen Belangen des Verletzten entsprechen. Das Kriterium „Vertretbarkeit der Auswahlentscheidung“ des Verletzten lässt an objektive Momente denken. Welches Betreuungs- und Förderungskonzept für die Lebensgestaltung überzeugender ist, hat aber der Betroffene zu entscheiden oder der für ihn Handelnde, nicht der Schädiger mit seiner Haftpflichtversicherung, auch nicht der angerufene Richter. Der Umfang dessen, was von der Schädigerseite als für den Verletzten erforderlich zu akzeptieren ist, erschließt sich also vor allem aus der Lebensweise und -qualität, dem Lebensstandard der Familie des Verletzten und dem Umgang in seiner Lebensgemeinschaft. Der Lebensstandard bzw. zuschnitt des Verletzten ist soweit als möglich aufrecht zu erhalten. Der Schädiger hat dafür zu sorgen, dass die materielle Lebensqualität des Geschädigten nicht unter den früheren Standard sinkt[46]. Auf die Lebensgestaltung des Verletzten darf der Schädiger über den zu ersetzenden Aufwand allenfalls sehr eingeschränkt Einfluss ausüben.

Entspricht die Abhilfe dem üblicherweise in Anspruch genommenen Leistungsstandard, kann nicht ernsthaft an Ersatzfähigkeit gezweifelt werden. Ob der Verletzte die konkrete Abhilfemaßnahme in gleicher Weise durchgeführt hätte, wenn er sie selbst hätte bezahlen müssen, grenzt die geschuldete Abhilfe gleichwohl nicht der Höhe nach ein. Denn welche Kosten der Betroffene üblicherweise auf sich nimmt, ist eigentlich irrelevant. So äußert sich der BGH zu Mietwagenkosten mit dem Argument, der Schaden sei nicht nach dem Aufwand des Geschädigten zu bemessen, den dieser erbracht hätte, wenn er mangels eines Haftungsgrunds den Schaden selbst zu tragen gehabt hätte. Denn wenn der Geschädigte Aufwendungen selbst bezahlen muss, übt er – so der BGH weiter – häufig Verzicht aus Gründen, die im Rechtsverhältnis zum Schädiger überobligationsmäßig sind oder sein können. Gilt dies für Sachschäden insbesondere bei Luxus

45 OLG Düsseldorf, Urt. v. 13.5.2002-8 U 43/01, NJW-RR 2003, 90.
46 OLG Köln, Urt. v. 17.9.1987-7 U 76/87, VersR 1988, 61 = FamRZ 1989, 178.

oder Urlaub[47], kann es beim Personenschaden (trotz der subjektiven, auch immateriellen Einflüsse) nicht anders sein. Neuerdings hat der BGH[48] denn auch zur Erstattungsfähigkeit privatärztlicher Behandlungskosten für den gesetzlich krankenversicherten Verletzten darauf aufmerksam gemacht, dass die Erstattungsfähigkeit von den Umständen des Einzelfalls abhängt.

Die Maßnahmen oder Kosten müssen lediglich vom Verletzten für erforderlich gehalten worden sein. Die Prognoseunsicherheit belastet den Schädiger. Auf die „Richtigkeit" des Förderkonzepts abzustellen, weil das Konzept „durch den nachgewiesenen Erfolg bestätigt worden ist" [49], schaltet tatrichterlich Zweifel aus. Die ex-ante Prognose ist zugleich verfehlt.

Hier wie auch sonst kennt die Rechtsprechung keine exakte Grenze zwischen der objektiven und der subjektiv konkreten Schadensberechnung. Soweit gewissermaßen mittels des verständig und gar wirtschaftlich denkenden Betroffenen das Entscheidungsmaß objektiviert wird, fehlt es doch an einem klaren Raster, weil die Subjektivität der Lage durchschlagen soll. Das OLG Stuttgart z.B. verwendet zur Erfassung eines Zeitmehraufwands und des Umfangs der Geldentschädigung den Begriff der Angemessenheit im Sinne des „gerechtfertigt seins" [50].

2. Konkrete Abrechnung

Die konkrete Schadensbewältigung – tatsächlich gefundene Abhilfe bzw. Lösung – ist nach Ansicht des BGH vorrangig maßgebend: Im wirtschaftlich günstigeren Fall, weil sie offenbar zumutbar ist, im wirtschaftlich vergleichsweise ungünstigeren Fall, weil sie der Individualität entspricht. Der Schädiger hat die Entscheidung des Individuums hinzunehmen, solange es nicht um eine eigenständige Maßnahme geht, für die die Verletzungshandlung und -folge nur noch äußerer Anlass ist[51].

Nur ein konkreter, realer Geldaufwand eröffnet hingegen die Möglichkeit, konkret abzurechnen. Der Geldaufwand darf jedoch nicht als „der Schaden" deklariert werden. Andernfalls wird die Restitution auf die Her-

---

47 BGH, Urt. v. 2.3.1982-VI ZR 35/80, NJW 1982, 1518 = VersR 1982, 548 bei Beschädigung eines repräsentativ sportlichen und besonders komfortablen Wagens ausländischer Produktion und BGH, Urt. v. 2.7.1985-VI ZR 85/86, NJW 1985, 2637 wegen Erforderlichkeit der für eine längere Urlaubsreise angefallenen Mietwagenkosten.

48 Darauf nimmt BGHZ 160, 26 = NJW 2004, 3324 = MedR 2005, 167 Bezug.

49 So OLG Bamberg, Urt. v. 28.6.2005-5 U 23/05, VersR 2005, 1593.

50 OLG Stuttgart, Urt. v. 13.12.2005-1 U 51/05, MedR 2006, 719.

51 Zur Umschulung beachte BGH, Urt. v. 17.9.1991-VI ZR 02/91, VersR 1991, 1293.

stellung des wirtschaftlich gleichen Zustands beschränkt und ausschließlich die negative Vermögensbilanz kompensiert. Solche Sichtweise widerspricht der Immaterialität des verletzten Rechtsguts und verkürzt individuelle Belange. Der tatsächliche Aufwand gibt nicht abschließend Aufschluss über den Umfang des Ersatzrechts, weil der Restitutionsbedarf maßgebend ist.

Im Einzelfall steht der Ausgleich von Heimkosten in Rede, z.B. bei einer von den Eltern des verletzten Kindes gewünschten Hilfe. Oder es kann der Aufwand für die Tagespflege in einem Heim neben dem Aufwand für Hilfeleistungen außerhalb der Öffnungszeiten des Heimes zu ersetzen sein[52].

Bruttokosten von Pflegekräften sind wie die Bruttokosten einer Heimunterbringung im Umfang des zusätzlichen, verletzungsbedingten Bedarfs erstattungsfähig. Insbesondere bei privat eingeschalteten entgeltlichen Pflegekräften oder -diensten gehören dazu nicht selbstverständlich alle Kosten. Bescheinigungen von Verwandten über die Bezahlung von Betreuungsleistungen belegen keinen Zusammenhang mit der Behinderung[53].

Soweit die Erbringung der Pflegeleistung durch einen Angehörigen für diesen zu einem Verdienstausfall führt, ist dieser Ausfall nicht neben dem Wert für den Pflegebedarf des Betroffen normativ zusätzlich zu ersetzen. Der um einen Steuerabzugsbetrag korrigierte Verdienstausfall kann freilich Maß des erforderlichen Geldersatzes sein, soweit sich dadurch der Pflegeaufwand in der Vermögenssphäre als geldwerter Verlustposten niederschlägt[54]. Der Verdienstausfall des Angehörigen, der sich der Pflege zuwendet, ist für den Rechtsgutsträger ein spezieller Fall der konkreten Abrechnung, ohne dass es wegen der wertenden Zuordnung ähnlich wie bei der Organspende mit der Folge eines Verdienstausfalls oder bei Besuchskosten um einen Drittschaden geht. Umgekehrt kommt es auf eine reale finanzielle Einbuße des pflegenden Angehörigen durch Aufgabe einer Erwerbstätigkeit für den Mehrbedarfsschadendes des Rechtsgutsträgers nicht an.

Etwaige zurechenbare Versicherungsbeiträge für den pflegenden Angehörigen, die diesen sozial absichern, hat der Schädiger zu übernehmen:

---

52 OLG Köln, Urt. v. 17.9.1987-7 U 76/87, FamRZ 1989, 178, BGH NA-Beschl. v. 25.10.1988.

53 OLG Düsseldorf, Urt. v. 21.11.2002-8 U 155/02, VersR 2003, 1407.

54 OLG Bamberg, Urt. v. 28.6.2005-5 U 23/05,VersR 2005, 1593, OLG Koblenz, Urt. v. 14.3.1991-5 U 1789/89, ArztR 1992, 102 (Mutter, die wegen der Pflege ihres Kind den Beruf aufgibt).

Der BGH[55] sieht zu innerfamiliären nicht erwerbsmäßigen Pflegeleistungen die Rentenversicherungsbeiträge für die Pflegeperson als ersatzfähigen Schaden des Pflegebedürftigen mit der Folge des Forderungsübergangs auf die Pflegekasse an, obwohl die Beiträge ausschließlich für die Pflegeperson (nicht für den Verletzten) entrichtet werden. Der BGH hält für entscheidend, dass die gesetzlich geregelten Rentenversicherungsbeiträge Teil des der Schadensbehebung dienenden Aufwands sind.

3. Pauschalierende Abrechnung

Die pauschalierende Abrechnung drückt den i.S.d. § 249 Abs. 2 BGB erforderlichen Restitutionsaufwand als angemessenen Ausgleich in Geld aus. Sie ist zu verstehen als Ersatz nach überschlägiger Schätzung mit dem Maß der überwiegenden Wahrscheinlichkeit unter Heranziehung von Erfahrungswerten. Die konkrete Schadensschätzung muss „realistisch" sein. Wenn richterliche Entscheidungen von realistischen (Pflege-) Zeiten, Anforderungen, Leistungen und Geldwerten sprechen, dient dies dem Versuch, zur Schätzung zu überzeugen und revisionsrechtlich unangreifbar zu sein. Wirklich erkennbar bleibt die Realität, die gemeint sein kann, selten.

a) Darlegung

Substanziierter Vortrag ist zu Pflegemitteln, Medikamenten, Salben erforderlich[56]. Ein Mindestschaden kann dann z.B. zum Kleidungsverschleiß auf der Basis einer an Kriegsversehrte gezahlten Pauschale geschätzt werden[57].

Auch zu Art und Umfang der Hilfs-, Pflegebedürftigkeit ist der Betroffene oder der an seine Stelle tretende Leistungsträger darlegungs- und beweispflichtig[58]. Deshalb sind als Grundlage zur Berechnung einer Rente konkret z.B. Verrichtungen des täglichen Lebens zu schildern, zu denen Hilfe benötigt wird[59]. Für das Individuum, um das es im Haftungsfall geht, zeigt sich ein Mindestschaden dann gleichwohl nicht über einen statistischen Durchschnitt (sei es ein durchschnittlicher Pflegeaufwand nach Fall-

55 BGHZ 140, 39 = NJW 1999, 421 zur Pflege im Umfang von wenigstens 14 Std/Woche in häuslicher Umgebung. Es ging um 12.093,69 DM.

56 OLG Düsseldorf, Urt. v. 29.8.2002-8 U 190/01, NJW-RR 2003, 87 = VersR 2004, 120.

57 So BGH, Urt. v. 18.2.1992-VI ZR 367/90, NJW-RR 1992, 792 = VersR 1992, 618.

58 BGH, Urt. v. 8.11.1977-VI ZR 117/75, VersR 1978, 149 = r+s 1978, 82.

59 OLG Hamm, Urt. v. 25.3.2001-13 U 62/02, NZV 2003, 528.

gruppe, sei es ein Durchschnittsverdienst). Denn Statistik ist nicht auf den Schluss für den Einzelfall angelegt und bestenfalls begrenzt geeignet, persönliche Entschlüsse erkennen und den individuellen Lebensweg beurteilen zu können.

b) Schätzung

Mit dem Maßstab des § 286 ZPO sind relevante, nicht reale Ereignisse, Vorgänge, Abläufe nicht prognostisch festzustellen. Ein Satz wie: „Die Schadensfeststellung im Einzelfall unterliegt den erleichternden Voraussetzungen des § 287 ZPO“[60] muss zweifeln lassen, ob das Prinzip der erforderlichen Schätzung realisiert ist. Denn an die Stelle der nach juristischen Maßstäben festzustellenden Überzeugung als Beseitigung vernünftiger Zweifel setzt § 287 ZPO die Plausibilität mit einem Schätzungsbonus zu Gunsten des Verletzten und einem Prognoserisiko zu Lasten des Schädigers. Es genügt je nach Lage des Einzelfalles eine höhere oder deutlich höhere Wahrscheinlichkeit. Manche sprechen von überwiegender Wahrscheinlichkeit, andere von einer hohen Wahrscheinlichkeit oder einer erheblichen Wahrscheinlichkeit unterhalb einer überwiegenden Wahrscheinlichkeit. All das ist vom Tatrichter aufzuzeigen.

Die Verschlechterung der Beweissituation der einstandspflichtigen Person bedeutet ein erhöhtes Haftungsrisiko bei Verschulden oder Gefährdung. Dies bedarf eines Sachgrundes, der darin zu finden ist, dass der Schädiger den Verletzten in die Situation gebracht hat, aus der heraus sich wegen der Schadensdefinition die beweisrechtlichen Probleme ergeben. Die Beweismaßreduktion findet sich ähnlich in der jüngeren Norm des § 252 Satz 2 BGB zur Prognose und zwar mit Anklängen an die Prinzipien wie beim dem Praktiker bekannten Anscheinsbeweis.

c) Kapital oder Rente

Die vom Gesetz zum wiederkehrenden Bedarf und Aufwand vorgesehene Rente hat den Vorteil, dass auf einen durchschnittlichen Wert abgestellt, eine gleich bleibende monatliche Rente trotz gewisser Veränderungen pauschal zuerkannt werden kann. Für Rückstände bleibt es beim Charakter der vom Gesetz vorgesehenen Rente als regelmäßig wiederkehrende Leistung[61]. Die Mehrbedarfsrente, die keine steuerbaren Einkünfte ersetzt, ist

---

60 So bei OLG Stuttgart, Urt. v. 13.12.2005-1 U 51/05, MedR 2006, 719.

61 BGH, Beschl. v. 18.10.2005-VI ZR 312/04, NJW-RR 2006, 191 = VersR 2006, 132.

weder als Leibrente noch als sonstiger wiederkehrender Bezug einkommensteuerpflichtig[62].

Es müssen im erstinstanzlichen Urteil nicht alle Einzelaspekte des Mehrbedarfs als Grundlage der Schätzung ausdrücklich genannt werden[63]. Der gesamte behinderungsbedingte Mehrbedarf ist vielmehr eine einheitliche Schadensposition („Pflegebedarf") und kann z.B. Pflege-, Betreuungs- und Haushaltsstunden, sogar unterschiedliche Arten des Bedarfs (erhöhter Wäscheverschleiß, geschätzte Personalkosten) enthalten[64].

Es wird „als sinnvoll und angemessen erachtet", einen in der Vergangenheit erbrachten und zukünftig noch zu erbringenden pflegerischen und betreuerischen Mehraufwand einheitlich zu bewerten und z.B. „insgesamt auf durchschnittlich täglich 3 Stunden zu schätzen", zumal angesichts der Schwierigkeit einer Abgrenzung einzelner Pflege- und Betreuungsaufgaben, die wegen der Entwicklung des Betroffenen und unterschiedlicher Tagesabläufe selten gleich bleibend sein werden[65]. Unterschiedlichen Anforderungen an die Betreuung kann dadurch Rechnung getragen werden, dass für den gesamten Zeitraum ein insgesamt angemessen erscheinender Stundensatz festgesetzt wird[66].

Die Entscheidung über künftig fällige Ansprüche setzt die Prognose der relevanten Tatsachen voraus. Die Rente wegen des Mehrbedarfs ist anders als die Erwerbsausfallrente häufig zeitlich nicht zu begrenzen, weil Personen betroffen sind, die auf Dauer auf Hilfe angewiesen sind. Die zukünftige Mehrbedarfsrente muss aber der Bezifferung überhaupt schon zugäng-

---

62 BFHE 175, 439 = NJW 1995, 1238; zu Zahlungen, die Verzugszinsen oder Prozesszinsen enthalten, als Einkünfte aus Kapitalvermögen der Einkommensteuer s. jedoch BFHE 176, 402 = BStBl II 1995, 410.

63 Die Klagepartei muss sich aber ggf. mit einem vermehrten Flüssigkeitsbedarf und einem erhöhten Bedarf an Wäsche und dem ergebnisbestimmenden Einfluss im Einzelnen auseinandersetzen, OLG Koblenz, Urt. v. 26.1.2004-12 U 439/02, NZV 2005, 413.

64 So zur Kongruenz von Leistungen des Sozialhilfeträgers gem. § 68 BSHG betr. Körperhygiene, Nahrungsaufnahme und Mobilität (personenbezogene Verrichtungen) sowie hauswirtschaftliche Verrichtung zu Ersatzansprüchen wegen vermehrter Bedürfnisse BGH, Urt. v. 27.6.2006-VI ZR 337/04, NJW 2006, 3565 = VersR 2006, 1383: Die Hilfe zur Pflege differenziert nicht zwischen Pflegebedarf, Haushaltshilfe und Betreuungsbedarf und auch nicht zwischen nächtlicher Pflege und solcher am Tag.

65 OLG Düsseldorf, Urt. v. 29.8.2002-8 U 190/01, VersR 2003, 1407.

66 OLG Köln, Urt. v. 5.6.2002-5 U 66/00.

lich sein[67]. Die Rentenprognose kann geändert werden, § 323 ZPO. Besteht Grund zur Annahme, dass sich der Pflegemehraufwand im Laufe der Zeit erhöhen wird, besteht kein Anlass, die Rente zum Zweck der Überprüfung zu befristen[68]. Zu zeitlichen Begrenzung sah sich das OLG Stuttgart[69] „nicht in der Lage", weil der altersmäßige Abbau der geistigen und körperlichen Kräfte individuell außerordentlich unterschiedlich ist, die Prognose dazu nicht getroffen werden konnte. Deshalb hat dieses Gericht die Schädigerseite auf § 323 ZPO verwiesen. Es war jedoch § 258 ZPO zu beachten.

Wenn durch die einmalige Anschaffung eines Hilfsmittels das erhöhte Bedürfnis des Behinderten für die Zukunft in ausreichendem Maße befriedigt werden kann, ist der dauerhafte Sonder- (Mehr-) Bedarf kein vermehrter Bedarf, sondern ausnahmsweise als ein Schadensausgleich nach §§ 249, 251 BGB durchzuführen. Mit einem Kapitalbetrag lässt sich z.B. ein erhöhter Wohnbedarf endgültig abfinden[70]. Der Verletzte und sein Anwalt werden den etwaigen Einfluss einer veränderten Lebensgestaltung oder -planung vorsorgend zu bedenken haben, bevor sie sich dem Einmalbetrag aussetzen.

4. Pflegebedarf

Sachlich und zeitlich sind alle regelmäßig wiederkehrenden personenbezogenen und hauswirtschaftlichen Verrichtungen im täglichen Leben darauf zu überprüfen, inwieweit sie verletzungsbedingt zusätzlich auftreten und der Abhilfe bedürfen.

Stets sind die Grundpflege (Körperpflege, Ernährung, Mobilität)[71] bzw. körperliche Grundfunktionen (Gehen, Stehen, Treppensteigen, Sitzen, Liegen, Greifen, Hören, Nahrungsaufnahme, Ausscheidung; elementare Körperpflege) zu hinterfragen. Betroffen ist ein (altersentsprechend) selbstständiges Wohnen, die Erschließung eines körperlichen und geistigen Freiraums, die Aufnahme von Informationen, die Kommunikation mit anderen, das Erlernen eines Grund-, Schulwissens. Über den lebensnotwendigen Existenzbedarf hinaus sind schadensrechtlich alle Lebensbetätigungen des

---

[67] OLG Karlsruhe, Urt. v. 22.12.2004-7 U 44/03, NJOZ 2005, 2853 = GesR 2005, 263 = VersR 2006, 515.

[68] OLG München Urt. v. 19.9.2005-1 U 2640 05.

[69] OLG Stuttgart, Urt. v. 31.3.1977-3 U 156/76, VersR 1977, 1038.

[70] BGH, NA-Beschl. v. 14. Oktober 1997.

[71] Ähnlich wie zum Pflegebedarf für Leistungen nach der Pflegeversicherung.

Individuums zu erfassen, soweit es der Hilfe bedarf[72], d.h. den Bedarf durch Sachmittel oder Hilfskräfte decken muss. Überdies können Elemente der Behandlungspflege[73] betroffen sein.
Jeder Pflegebedarf ist vom Selbstständigkeitsgrad des Individuums abhängig[74]. Für Erwachsene und Minderjährige gibt es keine grundsätzlich unterschiedlichen Bedarfs- und Zumutbarkeitskriterien. Einen Sonderbedarf[75] zur pflegerischen Betreuung eines Minderjährigen mit Anbindung an das Familienleben, damit eine annähernd normale Entwicklung gewährleistet ist, gibt es als Spezifikum desgleichen nicht. Stets gibt es nur den konkreten Mehrbedarf des Individuums in seiner speziellen Lage. Aus diesem Grunde kann die Pflege eines Kindes vergleichsweise kostenaufwändig sein, wenn es zur persönlichen Entwicklung umfangreicher Betreuung im Familienverbund und schulischer Ausbildung bedarf.

Eine schematisierte Herangehensweise verbietet sich, wie Hoffman herausstellt[76]. In grober Anlehnung an Anhaltspunkte für die Bemessung des Pflegegeldes bei der gesetzlichen Unfallversicherung könnte dennoch ein Bedarfsschema die Erfassung eines Pflegebedarfs im Einzelfall erleichtern. Zu denken ist an folgende Bedarfsgruppen: 1. geistige Behinderung, 2. körperliche Behinderung: Querschnittslähmung[77], Sinnesbehinderung (Blindheit, Hörbehinderung: Gehörlosigkeit - Schwerhörigkeit, Taubblindheit). Zu Lern- oder Sprachbehinderungen gibt es dagegen keine typisierbaren Bedarfssituationen. Zu psychischen (seelischen) Behinderungen las-

---

72 Steuerrechtlich zu Pflegesätzen, die das Heim mit dem Sozialhilfeträger für pflegebedürftige Personen der sog. Pflegestufe 0 vereinbart hat, als außergewöhnliche Belastung BFH Urt. v. 10.5.2007-III R 39/05.

73 Die Behandlungspflege ist speziell auf den Krankheitszustand ausgerichte. Behandlungspflege kann pflegeversicherungsrechtlich nur in die Berechnung des Grundpflegebedarfs einbezogen werden, wenn sie einer Verrichtung i.S.d. § 14 Abs. 4 SGB XI zuzuordnen ist.

74 Für das geburtsgeschädigte Kind bei spastischer infantiler Parese mit schwerer Entwicklungsstörung im geistigen und motorischen Bereich OLG Hamm, Urt. v. 13.11.1991-3 U 202/90, OLGR Hamm1992, 65: 6 Std/Tag im 2. und 3. Lebensjahr, 8 Std/Tag im 4. bis 6. Lebensjahr, 10 Std/Tag im 7. und 8. Lebensjahr.

75 Wie Hoffmann ZfS 2007, 428 meint, der dabei wohl nicht an einen unterhaltsrechtlichen Sonderbedarf anknüpfen will, der von einem regelmäßig anfallenden Mehrbedarf (ggf. zur Vergangenheit) als unregelmäßiger, außergewöhnlich hoher Bedarf zu unterscheiden ist. Sicher nicht gemeint sein kann dort auch der Sonderbedarf als Sachkosten.

76 in ZfS 2007, 428.

77 Zum Pflegebedarf Querschnittgelähmter Haas ZfS 2006, 254.

sen sich ebenfalls kaum Orientierungsgrößen finden. Mehrfachbehinderungen sind nicht zu vertypen.

a) Personeller, zeitlicher Pflegemehrbedarf

Reiner Zeitaufwand, reine Anwesenheitszeiten sind keine Abhilfe bei einem Pflegebedarf. Der psychische Beistand, die unvertretbare elterliche Zuneigung[78] ist ebenfalls kein anerkennungsfähiger Mehrbedarf[79]. Denn die Gewährung körperlicher Nähe der Angehörigen, die vermehrte elterliche Zuwendung hat – so der BGH[80] – keinen Marktwert, entzieht sich dem Wesen nach der Umrechnung in Geld. Dies gilt, wenn die Heranziehung einer fremden Fachkraft für eine real von den Eltern in der Freizeit und ohne Verdienstausfall (durchschnittlich täglich eine Dreiviertelstunde lang) erbrachte Zuwendung keine ernst zu nehmende Alternative ist. Die Störung bzw. Belastung des Familienlebens (z.B. wegen Trostbedürfnisses eines Kleinkindes oder vermehrter Zuwendung des Lebenspartners) betrifft die immaterielle Beeinträchtigung des Verletzten[81]. Insofern steht nur ein Zeitaufwand in Rede, aber keine Abhilfe zur Pflegebedürftigkeit.

Den Betreuungsaufwand der Angehörigen ist nur zu ersetzen, soweit die Leistung über die Unterhaltspflicht des Leistenden hinausgeht[82], weil der Normalbedarf kein Mehrbedarf ist. Die altersentsprechend normale Betreuung ist nicht vom Haftungsereignis beeinflusst und damit kein Bedarf i.S.d. § 843 BGB. Wird von einem Gesamtpflegebedarf ausgegangen, ist deshalb zunächst der nicht behinderungsbedingte Bedarf und Aufwand zur Bemessung einer Stundenzahl herauszufiltern, d.h. der Betreuungsaufwand in Stunden abzuziehen, den die Eltern ihrem gesunden Kind zukommen lassen würden[83]. Dieser Sowiesobedarf ist altersabhängig, weil ein Kind mit fortschreitender Entwicklung zunehmend weniger elterliche

---

78 OLG Stuttgart a.a.O.

79 OLG Köln, Urt. v. 1.6.2005-5 U 91/03, VersR 2006, 124 für den Erwachsenen.

80 BGH, Urt. v. 22.11.1988-VI ZR 126/88, NJW 1989, 766 und 1999, 2819; daran anschließend u.a. OLG Düsseldorf, Urt. v. 29.8.2002-8 U 190/01, VersR 2003, 1407.

81 OLG Frankfurt, Urt. v. 21.5.1999-24 U 150/97, VersR 2000, 607.

82 Näher Grunsky BB 1995, 937.

83 OLG Oldenburg, Urt. v. 3.12.1992-5 U 25/91, VersR 1993, 753, wobei von einem Kind gesprochen wird, aber wohl kein objektiver Aufwand nach einem Durchschnitt gemeint ist.

Betreuung erfährt[84]. Das OLG Köln differenziert nach Altersstufen und bezeichnet dies zugleich als „keineswegs zwingend“[85].

Bei der bereits pflegebedürftigen Person ist nur die mit fortschreitendem Alter zu erwartende Steigerung des Pflegebedarfs zu berücksichtigen. Rückrechnungen anhand eines Prozentsatzes sind zu gewagt. Die Bedarfssteigerung muss geklärt werden.

Eine notwendige, d.h. haftungsrechtlich zurechenbare Betreuung i.S.d. § 1896 BGB[86] stützt – auch bei einem erheblichen Zeiteinsatz der betreuenden Person – keinen Geldersatzanspruch des Betreuten gegen den Schädiger. Hat der betreute Betroffene für seinen Betreuer nach den speziellen Vergütungsregeln einen Geldbetrag aufzubringen, hat der Schädiger freilich für diesen Vermögensfolgeschaden aufzukommen.

Es gibt nach der hier vertretenen Ansicht keinen besonderen Zeit- und Vergütungsansatz nur oder zu einem besonderen Umfang an Organisation und Koordination der Pflege durch einen Elternteil[87] oder gar beide Eltern. Anders kann es bei außerordentlichen Anstrengungen sein, die jedes „normale Maß“ eigener Mühen bei der Schadensregulierung überschreiten. Die familiäre Pflege mit außerhäuslicher Pflege zu koordinieren, gehört dazu noch nicht.

Die Erstattungsfähigkeit eines behinderungsbedingten Mehraufwandes wird bejaht, soweit schadensbedingt vermehrte Fürsorgeleistungen ihrer Art nach in vergleichbarer Weise von einer fremden Hilfskraft übernommen werden können[88]. Küppersbusch[89] will „genau“ zwischen den Positionen (1) Pflegeleistungen, die eine fremde Hilfskraft „ohne weiteres“ übernehmen kann, (2) der Bereitschaft, gelegentlich bei unvorgesehenen Pflegeanlässen, Hilfe leisten zu können und (3) durch elterliche Nähe geprägten Betreuungsleistungen „differenziert wissen“. Das im Einzelfall abzuklärende Kriterium „Vertretbarkeit“ bzw. der „Einschaltung gewerblich tätiger Kräfte oder Einrichtungen als echte, praktische Handlungs-, Gestaltungsalternative“ beruht auf dem Gedanken des Marktwerts der Abhilfean-

84 OLG Köln, Urt. v. 8.3.2000-5 U 5/99; OLG Stuttgart, Urt. v. 13.12.2005-1 U 51/05, MedR 2006, 719.

85 OLG Köln, Urt. v. 5.6.2002-5 U 66/00.

86 Also die Erledigung bestimmter Aufgabenkreise beim Volljährigen angesichts dessen subjektiver Betreuungsbedürftigkeit und dem Vorliegen des medizinischen Befundes, der das Unvermögen des Betroffenen zur Besorgung eigener Angelegenheiten ausweist.

87 So aber Hoffmann ZfS 2007, 428.

88 OLG Karlsruhe, Urt. v. 22.12.2004-7 U 4/03, NJOZ 2005, 2853 (Bewegungsstörung des rechten Arms).

89 Ersatzansprüche bei Personenschaden, 9. Aufl., Rn. 265.

strengung[90] und folgt dem normativen Schadensbild. Es erleichtert es indessen nicht wirklich, bei „eigentlichen Pflegeleistungen, die von einer Fremdkraft erbracht werden könnten“ und der Beschäftigung einer Fremdkraft oder der externen Pflege zur familiären Pflege die relevante Stundenzahl zu finden. Die im Vergleich mit dem Einsatz von Pflegekräften zeitlich günstigere Gestaltung der Hilfe im häuslichen Bereich soll dem Schädiger nach dem Rechtsgedanken des § 843 Abs. 4 BGB – wie der BGH[91] ausgeführt hat – auch gerade nicht zugute kommen.

Konsequent auf der Suche nach dem Marktwert von Diensten[92], die ihrer Art nach vergleichbar „ohne weiteres“ von einer fremden Hilfs-, Pflegekraft übernommen bzw. ausgeführt werden könnten bzw. „vertretbar sind“, zieht die gängige Praxis von einem Gesamtzeitansatz z.B. die stundenweise tägliche Betreuung in einer (Tages-) Bildungsstätte ab[93], um die abrechnungsfähige Zeit zu erhalten. Indessen ist dies als Prinzip fehlerhaft. Denn die Ersatzpflicht des Schädigers entsteht einheitlich im Umfang des erforderlichen Pflegebedarfs. Das Aufteilungsprinzip bei der Legalzession folgt nicht der auf die Leistung der Eltern entfallenden Zeit und nicht der Differenz von Stunden, sondern der Deckungslücke nach Abzug der Drittleistung, die im Verhältnis zwischen Sozialleistungsträger und Verletztem dem Sachleistungswert oder der Geldleistung entspricht. Ggf. kann bei Mitschuld für Sozialversicherte die relative Theorie die Abrechnungspraxis über „elterliche Stunden“ den Schadensansatz völlig verfehlen.

Die Abrechnungsbasis Restitutionsaufwand, für den der angemessene Geldwert nach Art der erforderlichen Abhilfe zu finden ist, sollte die Praxis stärker als bisher in den Vordergrund stellen. Danach ist nicht denknotwendig die Pflegezeit, die eine professionelle Pflegeperson benötigt, zutreffender Maßstab für die Bemessung des Pflegeaufwandes. Richtet sich der Bedarf des Betroffenen auf die Restitution durch Inanspruchnahme der Laienpflege, muss vielmehr ein dazu spezifischer Zeitfaktor gelten. Bestimmt den Bedarf der professionelle Einsatz, ist andererseits der Zeitaufwand des Laien irrelevant.

Zeiten erforderlicher (notwendiger) Pflege und Betreuung sind möglichst exakt zu ermitteln, ggf. mit Hilfe von Sachverständigen. Ein Sachverständiger darf ein von Eltern erstelltes Protokoll über den Tagesablauf an Schultagen und an schulfreien Tagen einbeziehen, muss ggf. nicht zu-

---

[90] Beachte selbst Huber VersR 2007, 1330, 1335.

[91] BGH VersR, Urt. v. 8.11.1977-VI ZR 117/75, 1978, 149.

[92] Bzw. dem Versuch, subjektive Momente der Unterstützung außerhalb des Mehrbedarfs vom objektivierten Restitutionsbedarf zu trennen.

[93] OLG Oldenburg, Urt. 3.12.1992-5 U 25/91, VersR 1993, 753.

sätzlich selbst den Pflegebedarf nach Zeitabschnitten unterteilt darlegen und detailliert ausführen, wie sich der Pflegebedarf in Zukunft darstellen wird[94]. Der individuelle Tagesablauf kann „beleuchtet und zeitlich bewertet werden“[95]., ohne dass es „minutiöser" Aufstellungen zum Tagesablauf und anfallender Leistungen bedarf[96], Zeiten nicht „mit der Stoppuhr“ [97] zu messen sind. Dem Sachverständigen muss ggf. gesagt werden, dass Richtlinien der Pflegeversicherung „nicht allein ausschlaggebend“[98] sind. Ein Pflegegutachten des Medizinischen Diensts der Krankenversicherung ist nicht abschließend verbindlich,· vor allem wenn es nicht den tatsächlich angefallenen und weiter anfallenden gesamten Pflegemehraufwand berücksichtigt. Die Einholung eines Sachverständigengutachtens ist hingegen nicht[99] erforderlich, wenn zum Pflegemehraufwand für die mütterliche Pflege des schwerbehinderten Kindes zur Tag- und Nachtpflege abweichend von der Pflegebedarfspauschale[100] des Medizinischen Dienstes für eine berufsmäßige Pflegeperson um 1 bis 1,5 Stunden abgewichen wird. Die Vernehmung der Mutter des klagenden Kindes als Partei kann hilfreich sein, um abzuklären, inwieweit der Betroffene in der Lage ist, seine Abhängigkeit und Hilflosigkeit zu empfinden und Kontakt mit der Außenwelt aufzunehmen[101]..

Bereitschaftszeiten, in denen gelegentlich Hilfeleistungen anfallen, sind berücksichtigungsfähig, ebenso Rufbereitschaften, um im Bedarfsfall eingreifen zu können. Der für eine Überwachung gebotene Anlass und Sachgrund sind aufzuzeigen. Gefahren des Straßenverkehrs z.B. können besondere Beobachtung und Beaufsichtigung gebieten, Unruhezustände Einsatzbereitschaft und Einsatz verlangen[102]. Beaufsichtigungsbedarf ist jedenfalls zu berücksichtigen[103], wenn die Pflegeperson zeitlich und örtlich in der

[94] OLG München, Urt. v. 19.9.2005-1 U 2640 05.
[95] OLG Stuttgart, Urt. v. 13.12.2005-1 U 51/05, MedR 2006, 719.
[96] OLG Hamm, Urt. v. 10.9.1997-3 U 235/96, NJW 1998, 18.
[97] OLG Stuttgart a.a.O.
[98] Vgl. OLG Köln, Urt. v. 5.6.2002-5 U 66/00.
[99] OLG München, Urt. v. 27.9.2001-24 U 17/01, NJW-RR 2002, 675: Berufs- und allgemeine Lebenserfahrung.
[100] Zu Aufstellungen einer sachverständigen Zeugin über einen durchschnittlichen zeitlichen Mehraufwand für die Pflege eines Kindes mit Behinderungen vergleichbar denen des Betroffenen, OLG Hamm, Urt. v. 17.8.1993-27 U 144/92, NJW-RR 1994, 415.
[101] OLG München, Urt. v. 19.9.2005-1 U 2640 05.
[102] OLG Düsseldorf, Urt. v. 29.8.2002-8 U 190/01, VersR 2003, 1407.
[103] OLG Düsseldorf, Urt. v. 23.5.2002-8 U 197/01, NJW-RR 2003, 90 (schwerstbehindertes Kleinkind mit Krampfneigung); OLG Koblenz, Urt. v. 18.9.2000-

Weise gebunden ist, dass sie an der Erledigung anderer Dinge oder am Schlafen gehindert ist[104]. Zeiten geteilter Aufmerksamkeit als abrechnungsfähiger Zuwendung definiert das OLG Stuttgart[105] dahin, dass Eltern gebunden sind und durch die Notwendigkeit der Beobachtung beansprucht werden.

Nachtwache ist mehr als Rufbereitschaft. Ein nächtlicher Grundpflegebedarf zeigt sich beim Hilfebedarf „rund um die Uhr", also zu verschiedenen Tageszeiten und zusätzlich zur Nachtzeit. Dass bei nächtlichen Einsätzen und einem Schwerstpflegefall die Heimunterbringung stets kostengünstiger ist, weil sich Pflegekräfte rationeller einsetzen lassen und ständige Überwachung sowie jederzeitige Bereitschaft zum Eingreifen eher noch zu gewährleisten sind, steht wegen des individualisierten, subjektbezogenen Schadensverständnisses dem Schadensausgleich nicht entgegen.

Ersatzfähige Bereitschaftszeiten werden zur Hälfte angerechnet[106], oder die Zeiten, in denen die Präsenz der Pflegeperson erforderlich ist, fließen in die Berechnung über einen „angemessenen“ Zuschlag ein. Umgekehrt kann ein Abschlag von der Präsenzzeit erfolgen, weil die Möglichkeit zu anderer Befassung besteht. Nicht exakt zu bemessende Hilfeleistungen (z.B. Heben, Tragen, Wenden, Schieben im Rollstuhl) lassen wiederum an einen (Zeit-) Zuschlag denken. Es soll auch einen pauschalen Aufschlag auf einen errechneten Gesamtbetrag von 10% geben können[107].

Die hauswirtschaftliche Versorgung[108] ist u.U. unselbstständiger Bestandteil eines Pflegebedarfs. Sie bezieht sich auf das Einkaufen, die Zubereitung der Nahrung, das Spülen, auf das Reinigen der Wohnräume, das Wechseln und Waschen von Wäsche und Kleidung, auf die Beschaffung und Entsorgung von Heizmaterial, das Beheizen. Schadensrechtlich geht es um die konkrete Verminderung der Leistungsfähigkeit, orientiert an der Lebensqualität im Einzelfall.

5. Insbesondere: Abrechnung unentgeltlicher Hilfe

Erbrachte bzw. zu erbringende Hilfen und Pflege sind Maßnahmen der Schadensabhilfe wegen Beeinträchtigung der körperlichen oder gesund-

12 U 1464/99, NJOZ 2002, 292 (Absaugen des Schleims, Wechseln der Windeln, Umlagern und Hilfe bei – nächtlichen - Hustenanfällen).

104 Pflegeversicherungsrechtlich BSG, Urt. v. 24.6.1998-B3P4/97R, NZS 1999, 87.

105 OLG Stuttgart a.a.O.

106 OLG Zweibrücken, Urt. v. 2.9.2003-5 U 31/02, OLGR 2003, 444.

107 OLG Stuttgart, Urt. v. 13.12.2005-1 U 51/05, MedR 2006, 719.

108 Näher Pardey ZfS 2007, 246/247.

heitlichen, psychischen Integrität. Die unentgeltliche Hilfe versucht nicht anders als eine entgeltliche Hilfe, die Lage zu schaffen, die der Situation ohne das haftungsbegründende Ereignis soweit als möglich entspricht, gleichartig oder gleichwertig ist. Die unentgeltliche Pflege hat einen anderen Charakter als die unterbliebene (und demzufolge fiktive) Behandlung oder Pflege.

Der Verletzte und seine Angehörigen brauchen sich nicht auf einen Betrag verweisen zu lassen, der unter Verwandten für entsprechende Hilfen (Hilfsdienste) üblich ist oder sein könnte[109]. Der BGH[110] hat die marktgerechte Bewertung des familiären Einsatzes als zusätzlicher Mühewaltung gefordert und formulierte: Soweit eine derartige Bewertung hinter dem gedachten Aufwand für die Zuziehung einer familienfremden Hilfsperson zurückbleibt, rechtfertigt dies die Entlastung des Schädigers nur deshalb, weil die vorgegebene Haushaltsgemeinschaft gelegentliche Hilfen „weniger belastend und zeitaufwändig gestalten" lässt und weil vielfach „Dienste einer altershalber im Erwerbsleben nicht mehr voll einsatzfähigen Hilfsperson" genügen, die sonst nicht zur Verfügung stünden.

Auf ein ggf. erhöhtes jugendhilferechtliches Pflegegeld zur (Vollzeit-) Betreuung eines Kindes in der Familie der Pflegeltern stellen – soweit ersichtlich – Gerichte schadensrechtlich (zu Recht) nicht ab. Solches Pflegegeld soll den altersentsprechend notwendigen Barunterhalt des zu betreuenden Kindes und einen Erziehungsaufwand (die pädagogische Arbeit) entschädigen. Erschwernisse wegen fremdverursachter Behinderung sind anders ausgerichtet.

Der bei unentgeltlicher (familiärer) Pflege zumeist verlangte „objektivierbare Vermögenswert" und der Blick auf mindestens den Nettolohn einer vergleichbar entgeltlich eingesetzten Pflegekraft als angemessenen Marktwert führt zur Berechnungspraxis über die Formel: Erforderlicher Zeitaufwand x pauschalierender leistungsorientierter Geldwert. Die Berechnungsvariante: Leistungsart (-punkte) x Entgeltwert x Häufigkeit der Leistung ist zu bevorzugen. Familiäre Pflege über einen Zeitaufwand als Pflegeaufwand erfassen und abrechnen zu wollen, ist eigentlich unpassend. Denn familiäre Pflege ist Vertrauensarbeit mit völliger Eigenverantwortung der Pflegeperson zu Einteilung und Aufteilung der Zeit Kontrollverzicht. Relevant ist aber der konkrete Pflegeauftrag bzw. -bedarf, der ein Volumen der Inanspruchnahme vorgibt und inhaltlich den herbeizuführenden Erfolg „sinnvolle Pflege" anspricht. Künftig sollte bei der Schadensabrechnung verstärkt auf diesen Leistungsinhalt geachtet werden.

---

109 OLG Stuttgart, Urt. v. 31.3.1977-3 U 156/76, VersR 1977, 1038.
110 BGH, Urt. v. 8.11.1977-VI ZR 117/75, VersR 1978, 149.

Zur Höhe des Ausgleichs der Mühewaltungen werden nach dem konkreten Anforderungs- und Leistungsprofil bzw. dem Leistungsschwerpunkt Tarifvergütungen nach BAT VII (Heilerziehungspflege) oder KR III (überwiegende Krankenpflege) herangezogen[111]. Die Höhe des Stundensatzes soll sich grundsätzlich am Nettolohn einer vergleichbaren entgeltlich eingesetzten Hilfskraft ausrichten[112]. Zum pauschalen Abschlag für – wie es heißt – nicht angefallenen Steuern und Sozialabgaben in der Regel mit 30 % sieht das OLG Stuttgart bisher wegen der in den letzten Jahren ständig gestiegene Abgabenlast auf Arbeitsentgelt keinen Anlass und tritt nicht für den pauschalen höheren Abzug von etwa 35 % ein[113]. Das OLG Hamm kommt wegen besonderer Erschwernisse zu einem Zuschlag von z.B. 1/3[114] und gleicht im Endeffekt den Abzug aus. Möglicherweise wird der BGH – wie bisher offen gelassen – eine Nettobegrenzung jedenfalls für Schwerstpflegefälle aufgeben.

Durchschnittlich sollten 8,- Euro/Std. in Betracht gezogen werden. Reine Bereitschaftszeiten können mit 4,- Euro/Std. angesetzt werden, wenn solche Zeiten nicht nur mit 50% berücksichtigt werden. Überstundenzuschläge (Überstundentarife) zu berücksichtigen[115], steht im Widerspruch zur Lage in der Familie.

Übersicht und Beispiele zu Stundensätzen

Fundstelle			Hier berechneter pauschaler Monatswert (bei 40 Std/Wo x mit Umrechnungsfaktor 4,3)
LG Detmold NZV 2004, 198		11,60 €	1.995,20 €
OLG Hamm NJW-RR 1994, 415		10,00 €	1.720,00 €
OLG Stuttgart MedR 2006, 719	Für 2003: BAT VII Überstundentarif abzgl. 30 %	9,79 €	Bemerkung: Zu Überstunden gibt es keinen aussagekräftigen Monatswert.
Vorschlag "brutto wie netto":		8,76 €	1.506,72 €
OLG Karlsruhe NJOZ 2005, 2853	BAT VII netto	7,20 €	1.238,40 €
OLG Koblenz VersR 2002, 244	Bereitschaft; „pauschale" Abrechnung	6,00 €	1.032,00 €

[111] OLG Stuttgart, Urt. v. 13.12.2005-1 U 51/05, MedR 2006, 719.

[112] BGHZ 140, 39 = NJW 1999, 421.

[113] OLG Stuttgart, Urt. v. 13.12.2005-1 U 51/05, MedR 2006, 719.

[114] OLG Hamm, Urt. v. 24.6.1996-3 U 164/95, m. BGH NA-Beschl. v. 28.1.1997 (Betreuung eines infolge Geburtsschadens schwerst behinderten Kindes, Aufwand von täglich 12 bis 13 Stunden, BAT VII).

[115] OLG Stuttgart, Urt. v. 13.12.2005-1 U 51/05, MedR 2006, 719.

Der Schätzungsfreiraum genügt, um zur Bemessung der konkreten geforderten Leistung den Besonderheiten jeder Familien- und Pflegesituation gerecht werden zu können. Mit Punktzahlen in Anlehnung an Vergütungssätze im Sinne der Pflegeversicherung bewertete Leistungsarten würden ausgerichtet auf die individuelle Pflegesituation eine nachvollziehbare pauschalierende Bewertung ermöglichen.

Vorschlag zur Bewertung familiärer Hilfe (Beispiele)

Entgeltwert (brutto) 0,0365 €

Wert Familienhilfe (Abzug 50%), z.B.:0,0183 €

Leistungsart, komplex	- Punkte			Häufigkeit bzw. Min/ Woche	mtl. Wert (Faktor zu Umrechnung: 4,3)
kleine Pflege	220	8,03 €	4,02 €	14 x	242 €
Bzw. kleine Morgen-, Abendtoilette 200 oder 250 Punkte					
Hauswirtschaftliche Versorgung (je angefangene 10 Min.)					
	80	2,92 €	1,46 €	240 Min.	151 €

6. Verhältnismäßigkeit

In den letzten 10 Jahren sind Pflegekosten außerordentlich gestiegen[116]. Versicherungen müssen nach Wirtschaftlichkeitsprinzipien suchen, um den Schadensausgleich insbesondere zu Pflegeleistungen[117] finanzierbar zu halten. Der BGH hat 1977 freilich auf die angemessene Abgeltung tatsächlich geleisteter Pflegetätigkeit aufmerksam gemacht und nicht – wie er interpretiert wird[118] – betont, dem Wiederherstellungsgrundsatz sei kein „finanziell großzügiger Ausgleich des Pflegebedarfs“[119] zu entnehmen. Art, Grund, Güte, Inhalt und Umfang der Restitution hängen vom ursprünglichen, vom Schädiger veränderten Zustand ab. Dem Wesen nach hat dies mit Marktpreisen nichts zu tun, auch nichts mit der Vermögenssituation des Verletzten oder des Schädigers. Restitution ist – wie ausgeführt – auf das Integritätsinteresse bezogen.

[116] Als Beispiel stellt Ch. Hoffmann, Senior Schadenjurist Münchener Rück, in ZfS 2007, 428 Kosten einer dauerhaften Pflege nach einer vermeidbaren hypoxischen Hirnschädigung in Höhe von 42.000,- DM für 1994 Kosten von 1.500,- bis 2.000,- € pro Tag (mtl. 45.000,- bis 60.000,- €) gegenüber.

[117] Zur Frage der Ausweitung der Arzthaftung für Schmerzensgeld bei Schwerstschäden Strücker-Pitz, VersR 2007, 1466.

[118] BGH, Urt. v. 8.11.1977-VI ZR 117/75, VersR 1978,149.

[119] Hoffmann ZfS 2007, 428.

Die Erforderlichkeit schließt freilich eine gewisse Verhältnismäßigkeitsprüfung[120] als Interessenausgleich nach Maßgabe des Ausgleichszwecks und von Redlichkeit, Treu und Glauben ein. Den zur Herstellung erforderlichen Aufwand (für Fördermaßnahmen) unterstellt das OLG Bamberg[121] denn auch einer Grenze der Unverhältnismäßigkeit. Solche „Verhältnismäßigkeitsprüfung" ist kaum zu konkretisieren, kaum praktisch für jedermann handhabbar und einsichtig, also nicht nur revisionsrechtlich unangreifbar zu machen. Das Gesetz hilft wenig. Eine Reduktionsklausel gibt es zu vermehrten Bedürfnissen nicht.

Einige Beurteilungskriterien lassen sich wie folgt hervorheben: Die Schätzungsgewissheit setzt reinen Zeitabrechnungen Grenzen. Niemand kann z.B. 24 Stunden pro Tag an 365 Tage im Jahr zur Verfügung stehen. So darf eine Geldrente zum unentgeltlichen Einsatz deshalb nicht ausgerichtet werden. §§ 249, 843 BGB enthalten aber keine Vorgaben zu einem Kostenvergleich als Regel-Ausnahme-Prinzip. Bei welchen Beträgen eine haftungsausfüllende Zumutbarkeitsgrenze für den Schädiger erreicht werden könnte, d.h. dem Schädiger nach Treu und Glauben nicht zugemutet werden könnte, Aufwendungen zu tragen, hat das OLG Stuttgart 1977[122] offen gelassen und etwas nebulös angedeutet, dass dann, wenn die Rückkehr der Pflegeperson in den Familienkreis mit unverhältnismäßig hohen Pflegeaufwendungen verbunden wäre, die pflegebedürftige ,Verletzte gem. § 254 BGB gehalten sein könnte, sich mit dem Pflegesatz eines Pflegeheims zufrieden zu geben. Das OLG Bremen[123] betont dagegen treffend einen Gesamtabgleich der Kosten und damit die Angemessenheit insgesamt. So verpflichtet es den Verletzten, der eine durchgehend kostenträchtige(re) Versorgung als Gestaltung wählt, bei einzelnen (anderen) Ausgabenpositionen dem Schädiger gegenüber zu Rücksicht.

Beim Sach- und Vermögensschaden kann es darauf ankommen, dass der Aufwand, der vom Betroffenen (unschwer) vermieden werden kann, nicht erforderlich, jedenfalls unverhältnismäßig und deshalb nicht ersatzfähig ist[124]. Die Ersatzfähigkeit zur Pflege hingegen ist so nicht auszurichten. Die Verkehrsauffassung verlangt vom körperlich Verletzten nicht, zugunsten

---

120 Grundsätzlich zu § 251 Abs. 2 BGB MünchKomm-Oetker 5. Aufl. 2007 § 251 Rn 35 und zur Verhältnismäßigkeitsprüfung dort Rn 38-39.

121 OLG Bamberg, Urt. v. 28.6.2005-5 U 23/05, VersR 2005, 1593.

122 OLG Stuttgart, Urt. v. 31.3.1977-3 U 156/76, VersR 1977, 1038.

123 OLG Bremen a.a.O.

124 BGH, Urt. v. 13.6.2006-VI ZR 161/05, NJW 2006, 2621 = VersR 2006, 1273 zum Rückstufungsschaden (Prämiennachteilen), s. auch Tomson VersR 2007, 923.

des Schädigers von den Lebensbedürfnissen abzugehen, die § 843 BGB schützt. Bei – auch kostenmäßig – unterschiedlichen Möglichkeiten ist der Ersatzanspruch so hoch, wie sich der Bedarf bei der vom Verletzten zumutbar gewählten Lebensgestaltung tatsächlich umsetzt. Die Dispositionen des verständigen Verletzten in der besonderen Lage des Verletzten verlangen keine wirtschaftliche Rücksichtnahme auf den Schädiger.
Das Bereicherungsverbot zielt wie die Ausgleichsfunktion darauf, dass der Verletzte erhält, was er sonst unbeeinträchtigt gehabte haben würde, aber nicht besser gestellt wird, als er ohne das schädigende Ereignis stehen würde. Er soll nicht einen größtmöglichen Geldvorteil erhalten. Das Verbot der Überkompensation versagt es ihm, mehr zu erhalten, als der (Wieder-) Herstellung entspricht. Diese Leitgedanken des Schadensrechts fordern nun freilich nicht, dass der Verletzte zur Beseitigung bzw. Abmilderung der Verletzungsfolgen Geld aufgewendet haben muss oder eine reale wirtschaftliche Einbuße nachweist. Und sie geben nichts für die Begrenzung des angemessenen Ersatzes wegen erforderlicher Pflege her. Denn Bereicherungsverbot und Wirtschaftlichkeitsgebot dürfen den Vorrang[125] der gesetzlich angeordneten Naturalrestitution zur Wahrung des Integritätsinteresses nicht verkürzen[126].

Den Schutz des Schädigers vor (für ihn nicht zumutbarer) unüberschaubarer, unbegrenzter Haftung gewährleisten die Kriterien des Haftungsgrunds. Besonderheiten des Haftungsgrunds (Behandlungsfehler) sind jedoch für den Schadensumfang irrelevant, auch das Ausmaß eines Schuldvorwurfs und die Höhe der (Haftpflicht-) Versicherungsprämie des Schädigers. Das Maß des Verschuldens des Schädigers kann indessen nach herrschender Ansicht sogar im Rahmen der Verhältnismäßigkeitsprüfung seine Belastungsgrenze erhöhen[127].

Real aufgewendete Herstellungskosten sind bei Beschädigung einer Sache mit einem im Rechts-, Wirtschaftsverkehr anerkannten ideellen[128] Wert oberhalb des Substanz- bzw. Verkehrswertes der Sache vom Schädiger[129] zu übernehmen. Für Tiere ist seit 1990 in § 251 Abs. 2 S. 2 BGB zur Ver-

[125] Sozialrechtlich steht die Prävention im Vordergrund und gilt zur Pflege der Vorrang der Rehabilitation vor der Pflege und der Vorrang der ambulanten vor der stationären Pflege.

[126] S. BGHZ 169, 263 = NJW 2007, 67, Huber JZ 2007, 637 zum Fahrzeugschaden.

[127] Vgl. OLG Celle, Urt. v. 8.7.2004-11 U 46/04, NJW-RR 2004, 1681 zum Ersatz bei vorsätzlicher Sachbeschädigung; s. aber auch MünchKomm-Oetker 5. Aufl. 2007 § 251 Rn 38.

[128] Bei einem wissenschaftlichen Wert kann es nicht anders sein.

[129] Zum Integritätszuschlag bei Kfz z.B. BGHZ 162, 161 = NJW 2005, 1108.

hältnismäßigkeitsprüfung klargestellt, dass Behandlungskosten ersatzfähig sein können, wenn sie den materiellen Wert[130] des verletzten Tieres erheblich übersteigen. Individuen bei realer Beeinträchtigung und realer Abhilfe auf einen bestimmten Höchstbetrag festzulegen, verträgt sich mit diesem Verständnis von Tier und Sachen nicht.
Für die familiäre unentgeltliche Pflege gibt es – anders als Hoffman meint[131] – keine absolute Obergrenze. Reale und pauschalierte Pflegekosten können je nach dem Bedarf selbst in Höhe doppelter Heimunterbringungskosten zu legitimieren sein. Der Verdienstentgang des Vaters ist jedenfalls wegen dessen besonderer Eignung zur Intensivförderung des Kindes (familiäre Bindung, erhöhte Motivation, zeitliche Flexibilität) nicht auf die Kosten einer externen Kraft zu beschränken, die 2 Std/Tag tätig ist[132]. Das OLG Koblenz (Urt. v. 18.9.2000-12 U 1464/99)[133] hat keine 150%-Grenze statuiert, nur den Ersatz begrenzt angesichts wesentlich günstigerer Möglichkeiten professioneller Pflege und deshalb keine volle Vergütung für eine Rund-um-die-Uhr-Pflege zuerkannt, die es bei unentgeltlicher Hilfe praktisch ohnehin nicht geben kann.

Schadensrechtlich ist dem Vorrang der häuslichen Pflege, den die Sozialversicherung kennt, zu entsprechen. Mehrkosten der häuslichen Pflege sind schon deshalb tolerabel. Dem Verletzten ist also nicht vorzugeben, sich in einer stationären Einrichtung versorgen zu lassen, nur weil dies kostengünstiger wäre, wenn er dies nicht wünscht und gar schon eine andere (angemessene) Lösung gefunden hat. Die volljährig gewordene Person hat zumindest bis zum Abschluss der Schulzeit Anspruch auf Ersatz der Kosten einer angemessenen ambulanten Pflege in der bisherigen Umgebung, selbst wenn die Pflegekosten in einer stationären Einrichtung niedriger sind[134]. Die Unterbringung in einem Altenpflegeheim kann derjenigen nicht „aufgezwungen werden", die vor dem Haftungsereignis eine eigene Wohnung gehabt und den „verständlichen Wunsch" hat, die Wohnung in Zukunft zu behalten[135].

Gem. § 44 Abs. 2 Satz 4 SGB VII kann sogar die unfallversicherungsrechtliche Obergrenze (der dortige Höchstsatz) für das Pflegegeld ange-

---

[130] Beachte auch § 32 Abs. 7 GenTG.

[131] Hoffmann ZfS 2007, 428.

[132] OLG Bamberg, Urt. v. 28.6.2005-5 U 23/05, VersR 2005, 1593.

[133] VersR 2002, 244: für häusliche Pflege wurden 15.400 DM verlangt im Vergleich zu Heimkosten von 6.071,70 DM.

[134] OLG Bremen, Urt. v. 21.4.1998-3 U 45/96, VersR 1999, 1030, BGH NA-Beschl. v. 24.11.1998.

[135] OLG Köln, Urt. v. 17.9.1987-7 U 76/87, VersR 1988, 61.

messen erhöht werden, wenn die Aufwendungen für eine Pflegekraft das Pflegegeld übersteigen, also nachgewiesene und unvermeidbare tatsächliche Kosten einer Pflegekraft z.B. wegen des ortsüblichen Satzes höher sind, aber auch bei einem außergewöhnlichen Pflegebedarf oder wegen Berücksichtigung des Aufwands für die Renten- und Arbeitslosenversicherung pflegender Angehöriger. Weniger flexibel ist das Schadensrecht sicher nicht.
Treu und Glauben lassen zur Pflege ganz unvernünftige, aller Lebenserfahrung widersprechende Maßnahmen, „ganz und gar unverhältnismäßige" Aufwendungen ausschließen [136]. Eigensinn als Eigenwilligkeit ohne jeden Argumentationsansatz und ohne Sachanliegen bzw. als Schikane bei subjektiv unbedeutender Beeinträchtigung lässt den Verletzten ersatzlos. Nicht ersatzfähig sind Kosten, die in keinem vertretbaren Verhältnis zur realen Qualität der Versorgung des Verletzten stehen.

7. Vorteilsausgleich (Billigkeit) und Schadensminderung

Kriterien des Vorteilsausgleichs und/oder der Schadensminderung bestimmen darüber, ob z.B. beim eigenen (überpflichtigen) Einsatz des Verletzten oder der faktisch ausreichenden Versorgung durch Angehörige oder Dritte der Schädiger befreit sein soll oder nicht.

Zur Abgeltung der zurechenbaren familiären Pflege kommt es auf ersparte höhere Kosten bei einer Heimunterbringung oder für die Heranziehung dritter Pflegekräfte selbstverständlich nicht an. Solche Ersparnis kommt dem Schädiger dadurch zugute, dass er die fiktiven Kosten nicht zu zahlen hat.

Bei Heimkosten ist die Barersparnis zu beachten. Die nicht zu ersetzenden „normalen" Bedürfnisse eines verletzungsbedingt in einem Pflegeheim untergebrachten Kindes können pauschal in Höhe seines Mindestunterhaltesbedarfs geschätzt werden[137]. Bei exorbitanten, lebenslangen Pflegekosten ist nach der hier vertretenen Ansicht jedenfalls über das Kriterium Bil-

---

[136] Einzelheiten zum Gesundheitsschaden bei Pardey, Berechnung von Personenschäden, 3. Aufl. Rn. 725 ff.

[137] Bis zum Inkrafttreten der im Gesetz zur Änderung des Unterhaltsrechts vorgesehenen Neufassung des § 1621a BGB kann der Mindestunterhaltsbedarf dabei mit 135 % des Regelbetrags nach der Regelbetrag-Verordnung veranschlagt werden, so OLGR München 2007, 207. Unterhaltsrechtlich hält BGH, Urt. v. 30.8.2006-XII ZR 138/04, FamRZ 2006, 1597 es für statthaft, einen Betreuungsunterhalt pauschal mit der Höhe des Barunterhalts zu bemessen, wenn das Kind anderweit untergebracht ist.

ligkeit, das zu jedem Vorteil zu überprüfen ist, ein Abzug wegen Eigenersparnis an Miete und Verpflegung zu versagen[138].

Ein verletzungsbedingt erzwungener Konsumverzicht entlastet den Schädiger nicht. Ein nicht zu ersetzender Barbedarf kann deshalb bis auf den Mindestunterhaltsbedarf reduziert werden[139] und es muss nicht der eigentlich konkrete Barbedarf den Ersatz mindern. Auch bei der (normalen) Betreuung gibt es ähnliche Elemente des erzwungenen Verzichts. Diese dürfen nicht ausschließlich § 253 BGB zugeordnet werden. So verhält es sich bei einer Heimunterbringung, wenn objektivierbare elterliche Betreuungsleistungen entfallen, das Kind aber die elterliche Betreuung nicht erfährt, die ein gesundes Kind im Tagesablauf erfahren darf. Dann sind also wegen der ersparten Betreuung nicht umfassend rechnerisch Marktwerte der Betreuung in Abzug zu bringen.

Der Pflegebedürftige muss aktiv mitwirken, § 6 SGB XI, um die Pflegebedürftigkeit wenn möglich zu überwinden, jedenfalls zu mindern oder eine Verschlimmerung zu verhindern. Bei einer Behinderung muss die verletzte Person auch schadensrechtlich alle zumutbaren Möglichkeiten ergreifen, um die Folgen[140] möglichst gering zu halten. Kann die verletzte Person durch konsequente Gangschule die Gehfähigkeit und damit die Unabhängigkeit vom Rollstuhl wiedererlangen, lehnt sie diese Therapie aber ab, ist ihr der Gebrauch des Rollstuhls mit allen daraus herzuleitenden Aufwendungen selbst zuzurechnen[141].

Die Obliegenheit der verletzten Person zur Schadensminderung ist aber nicht deckungsgleich mit dem Umfang der Pflicht des Schädigers, den von ihm zu verantwortenden Nachteil zu beseitigen. Wiederherstellungsaufwand und Schadenminderungspflicht stehen nicht in einem Spannungsfeld[142]. Der Verletzte muss nicht auf die Gemeinschaft der Haftpflichtversicherten Rücksicht nehmen. Er ist von daher keinen[143] erhöhten Einschränkungen zu unterziehen.

Ausnahmsweise kann der im rechnerischen Vergleich mit Pflegekosten hohe Verdienstausfall eines pflegenden Angehörigen i.S.d. §§ 254 Abs. 2,

---

138 OLG Naumburg, Urt. v. 25.10.2001-3 U 24/01.

139 OLG Hamm, Urt. v. 8.5.2001-27 U 16/01, NZV 2001, 473.

140 Zur Eigenverantwortung im Sinne der Pflegeversicherung § 6 Abs. 2 SGB XI: Nach Eintritt der Pflegebedürftigkeit haben die Pflegebedürftigen an Leistungen zur medizinischen Rehabilitation und der aktivierenden Pflege mitzuwirken, um die Pflegebedürftigkeit zu überwinden, zu mindern oder eine Verschlimmerung zu verhindern.

141 OLG Düsseldorf, Urt. v. 9.5.1994-1 U 87/93, VersR 1995, 1449.

142 Gegenteilig sieht es Hoffmann ZfS 2007, 428.

143 Auch dies sieht Hoffmann a.a.O. gegenteilig.

242 BGB gebieten, die Pflege kostengünstiger zu realisieren. Ob dies bei einem Erwerbsverlust von z.B. 4000,- Euro der Fall ist, wenn ein ambulanter Pflegedienst alle Leistungen für 2000,- Euro erbringen würde, hängt von den konkreten Lebensumständen ab. Nichts ist z.B. zum Verdienstausfall als Folge der Übernahme der Pflege zu kürzen gewesen, weil die gewählte Art der intensiven persönlichen Förderung (durch einen Diplomingenieur für Maschinenbau) unter hohem zeitlichen Aufwand und bei der gebotenen vollen Konzentration auf die besondere Aufgabe neben einer Erwerbstätigkeit nicht hätte erbracht werden können[144].

C. Erwerbsnachteil als Vermögensfolgeschaden

Beim Erwerbsschaden geht es um die Behinderung bei der vermögenswerten Verwertung der Arbeitskraft, um die berufliche bzw. erwerbswirtschaftliche Sphäre und/oder die werthaltige (Haus) Arbeit für andere. Den Erwerbsschaden charakterisiert, dass der Verletzte infolge der Verletzung einen Vorteil im Eigeninteresse verliert.

Aspekte der Restitution oder Kompensation sind wegen §§ 252, 842, 843 BGB bedeutungslos. Denn § 252 Satz 1 BGB stellt klar, dass das ganze, nicht nach Verschuldensformen abgestufte Vermögensinteresse dem Schadensausgleich zuzuführen ist[145]. Schon § 249 Abs. 1 BGB, dass alles zu ersetzen ist, was zur Herstellung des hypothetisch unbeeinträchtigten Zustands erforderlich ist. § 842 BGB stellt klar, dass Nachteile für den Erwerb oder das Fortkommen Vermögensschäden sind, erweitert die Ersatzpflicht gegenüber §§ 249, 251, 252 BGB nicht, beschränkt die Ersatzfähigkeit aber auch nicht.

I. Abgrenzung zum Mehrbedarfsschaden

Der Verlust eines Einkommens führt zur sich fortlaufend erneuernden bzw. andauernden, wiederkehrenden Beeinträchtigung. Der Erwerbsnachteil betrifft Aktivitäten und von daher den Lebensstandard, die Einbuße an

[144] OLG Bamberg, Urt. v. 28.6.2005-5 U 23/05, VersR 2005, 1593.

[145] Die Vorschrift unterstreicht die schadensrechtliche Bedeutung, die der Gesetzgeber Ausfällen im erwerbswirtschaftlichen, vermögensmehrenden Einsatz von Wirtschaftsgütern beigemessen hat, während eine entsprechende Vorschrift für die eigenwirtschaftliche Nutzung des Vermögens fehlt, BGHZ 98, 212 = NJW 1987, 50, 52.

Vermögen bzw. die Vereitelung eines Einkommens- und Vermögenszuwachses. Anders als § 843 BGB ist 842 BGB auf ein (Erwerbs-) Ergebnis, den wirtschaftlichen Ertrag, ausgerichtet und nicht die Verminderung der für die Erreichung des Ergebnisses erforderlichen (hypothetischen) Fähigkeit.

Die hauswirtschaftliche Versorgung der eigenen Person betrifft unabhängig vom Familienstand[146] Bedürfnisse i.S.d. § 843 BGB. Deshalb ist es selbstverständlich, dass dem Alleinstehenden grundsätzlich[147] ein derartiger Anspruch zustehen kann. Der erhöhte eigene oder mit besonderen Anstrengungen oder mit Schmerzen verbundene zusätzliche Zeitaufwand der verletzten Person im Haushalt[148] ist Schadensbewältigung mit geldwertem Einsatz, keine Fiktion. Maß der Schadensabrechnung sind die besonderen, zusätzlichen, überobligatorischen Anstrengungen angesichts drittverursachter Belastung.

Erhöhte Kosten einer Ausbildung, Zusatzkosten der Beschäftigung in einer Werkstatt für Behinderte ordnen manche als Fortkommensaufwand. Die berufliche Rehabilitation ist indessen Teil eines Mehrbedarf bezogen auf das Bedürfnis, am Arbeitsleben teilnehmen zu können. Dies bedingt z.B., dass dem Verletzten schadensmindernd eine Umschulung nur zuzumuten ist, wenn Aussicht auf Erfolg bei der Umschulung und Aussicht auf eine nutzbringende Tätigkeit im neuen Beruf besteht. Die Umschulung muss er also nur versuchen, wenn er im neuen Beruf wird arbeiten können. Die Einigkeit darüber, dass versucht werden muss, Betroffene über qualifizierte Umschulungsmaßnahmen wieder in ein Berufsleben zu integrieren, darf nach der hier vertretenen Ansicht jedoch nicht dazu führen, mit dem Kriterium „handfeste Erwartung" bei fachlicher Eignung des Betroffenen den Schädiger und Haftpflichtversicherer von der Übernahme verletzungsbedingt entstandener Kosten für eine im Ergebnis erfolglos bleibende Umschulung frei zu stellen[149]. Allein die Prognose ist bedeutsam. Umschulungskosten sind dem Kostenträger deshalb zu ersetzen, wenn bei Beginn der Umschulungsmaßnahme der behandelnde Arzt dazu rät, weil er realistische Chancen sieht, und die konkrete Art der Umschulung von Fachleuten empfohlen und befürwortet wird.

---

146 OLG Düsseldorf, Urt. v. 12.6.2006-1 U 241/05, NJW-RR 2006, 1535= r+s 2006, 436.

147 KG, Urt. v. 4.12.2006-12 U 119/05, MDR 2007, 887.

148 Bei Beeinträchtigung der Hausarbeitsfähigkeit und geplanter, aber vereitelter Hausarbeit.

149 So aber LG Augsburg, Urt. v. 26.9.2006-2 O 1165/06, NJOZ 2007, 2227.

II. Ertrag der Arbeitskraft

Die Minderung der Arbeitsfähigkeit ist nicht in Geld messbar[150]. Folgt aus einer körperlichen Verunstaltung die Minderung einer Arbeitsaussicht, zeigt sich normativ kein Schaden wegen erschwerten Fortkommens. Erst die wirtschaftlich sinnvolle Verwertung der Arbeitskraft lässt den Vermögensschaden erschließen. Bei Rechtsgutsverletzungen geht es dann um wie z.B. zu Kosten der Schadensermittlung oder -regulierung um mittelbare, vom schadensverursachenden Ereignis her gesehen weiter entfernte Folgen zur Vermögenssphäre.

Zu unterscheiden sind

1. der Minderverdienst (Verdienstausfall), ggf. die Rentenminderung mit entgeltorientierter Schadensberechnung bei Arbeitnehmern und Beamten,
2. der Gewinnausfall mit gewinnorientierter Schadensberechnung bei Selbstständigen,
3. der vermögenswerte Ausfall handwerklicher Eigenleistungen oder der Ausfall bei der Hausarbeit mit einer Schadensberechnung über den Entgang eines Vermögenszuwachses oder anhand konkreter zusätzlicher Kosten oder über einen konkreten Arbeitswert und (mit teilweiser Überschneidung),
4. die verletzungsbedingte vereitelte unentgeltliche (fremdnützige) Tätigkeit, für die als solche grundsätzlich ein Entgelt zu zahlen gewesen wäre.

Die tätigkeitsbezogene Beeinträchtigung ist bei vereitelten Erwerbsaussichten mit der Folge einer negativen Bilanz zwischen dem hypothetischen Soll-Zustand und dem realen Ist-Zustand über den entgangenen Geldzuwachs abzurechnen. Keine ersatzfähige Einkommenseinbuße erfährt, wer es versäumt, sich in einer nach seinem Alter, seiner Ausbildung und seinen beruflichen Fähigkeiten sowie dem Ausmaß seiner Verletzung zumutbaren Weise ernsthaft darum zu bemühen, die Beeinträchtigung zu kompensieren oder z.B. eine Arbeit im Haushalt statt der Erwerbsarbeit[151] zu übernehmen.

---

[150] BGH, Urt. v. 8.11.2001-VI ZR 64/01, NJW 2002, 292 = VersR 2002, 188.

[151] BGH, Urt. v. 24.4.1979-VI ZR 204/76, NJW 1979, 1403, 1404.

Übersicht zum Berechnungsgang mit Beispielen		
SOLL = WÄRE = HÄTTE (hypothetisch erzielbare Einkünfte aus nichtselbstständiger Arbeit bzw. voraussichtlich erzielbarer monatlicher Gewinn	2.300 € /Monat	
bzw. unbeeinträchtigter Zeiteinsatz		50 Std/Woche
Geldwert		9,00 € /Std
Monatswert (Umrechnungsfaktor 4,3)		1.935 € /Monat
abzüglich IST (reale Einkünfte bzw. tatsächliches Monats- oder Jahresbetriebsergebnis oder fiktive Werte wegen Verletzung der Schadensminderungspflicht	800 € /Monat	
bzw. leistbarer Zeiteinsatz)		21 Std/Woche
Monatswert (Umrechnungsfaktor 4,3)		813 € /Monat
	ergibt:	
mtl. Verdienst- bzw. Gewinnausfall	1.500 € /Monat	
bzw. ersatzfähiges Arbeitszeitdefizit		29 Std/Woche
und somit mtl. Ausfallwert		1.122 € /Monat

In der Verwendung der Ersatzmittel ist der Verletzte frei, gibt es also eine Verwendungsfreiheit ähnlich wie zum Schmerzensgeld[152] und wie bei Sachschäden zu den unmittelbaren Folgen. Auch wenn die Erwerbsquelle der Daseinsvorsorge, der wirtschaftliche Sicherung des Lebensbedarfs gedient hat oder dienen sollte, ist der Verletzte deshalb nicht gezwungen, zum Ersatzbetrag die Verwendung nachzuweisen.

1. Minderverdienst, Verdienstausfall; Rentenminderung

Arbeitnehmer führen den Beweis der Arbeitsunfähigkeit (für die ersten 6 Wochen) regelmäßig durch die ärztliche Arbeitsunfähigkeitsbescheinigung. Wer berechtigt auf die Bescheinigung vertraut und deshalb nicht arbeitet, hat einen normativen Schaden in Höhe des entgangenen Verdienstes[153]. Dass die Arbeitsunfähigkeitsbescheinigung nichts zu der vom Verletzten nachzuweisenden Kausalität aussagt, z.B. ob die Arbeitsunfähigkeit auf einer psychischen Befindlichkeitsstörung ohne Körper- und Gesundheitsverletzung beruht, befugt nicht dazu, die Bindung an die Bescheinigung zu der wirtschaftlich relevanten Folge zu ignorieren. Die Kausalitätsfrage ist nur bezogen auf die Folge (Arbeitsunfähigkeit) zu beantworten,

---

152 BGH, Urt. v. 15.1.1991-VI ZR 163/90 NJW 1991, 1544 = VersR 1991, 350.
153 BGHZ 149, 63 = NJW 2002, 128.

aber nicht im Hinblick auf eine Gesundheitsverletzung, um die es aus normativen Gründen dann gar nicht geht. Die zeitlich enge Verknüpfung der bescheinigten Unfähigkeit zur Arbeit mit dem Haftungsereignis und die Lebenserfahrung gestatten es regelmäßig, die sich dazu stellende Kausalitätsfrage praktisch bejahen oder verneinen zu können.

Der Verletzte erhält im Ergebnis schadensrechtlich vom Schädiger das, was er sonst ohne den Unfall (netto) verdient haben würde. Mit dem Ersatz erhält der Verletzte auch die Mittel, eine Existenzvorsorge so weiter zu führen wie bisher geschehen und wie künftig geplant. Der Erwerbsschaden endet, wenn der Verletzte gesundheitlich wieder hergestellt und die Verletzung nicht mehr zurechenbare Ursache eines Erwerbsausfalls ist, spätestens mit dem regelmäßigen Ausscheiden aus dem Erwerbsleben. U.U. ist ein Rentenausfallschaden zu ersetzen.

Die Einstellung einer Ersatzkraft ist mögliche Restitutionsmaßnahme ebenso wie es Überstunden anderer Mitarbeiter wären. Für den Erwerbsschaden des Arbeitnehmers oder Beamten gilt letzteres aber nur aus Sicht des Arbeitgebers oder Dienstherrn, die keinen Anspruch aus eigenem Recht haben.

2. Gewinnausfall

Eine abstrakt messbare Einschränkung der Arbeitsfähigkeit des Selbstständigen gibt keinen Aufschluss über das von ihm zu erreichendes Geschäftsergebnis. Der Selbstständige erhält nur teilweise Ersatz, wenn er trotz Arbeitsunfähigkeitsbescheinigung zeitweise arbeitet[154].

Beim Selbstständigen bestimmt der Erfolg der Tätigkeit den wirtschaftlichen Wert der beeinträchtigten Arbeitsleistung bzw. erfährt die Arbeitskraft ihren Vermögensinhalt aus der betriebswirtschaftlich festzustellenden Gewinneinbuße. Auf eine Ausfallzeit für sich allein, auf die individuelle regelmäßige Arbeitszeit kommt es nicht an. Die bloße gedankliche Vorbereitung für den Aufbau einer selbstständigen Existenz genügt nicht, wenn noch nicht einmal ansatzweise konkrete Planungen nachgewiesen werden können[155]. Die Gewinnverschlechterung kann zeitversetzt zur gesundheitlichen Beeinträchtigung maßgebend sein, insbesondere bei Verletzung in der Anlaufphase des Betriebs.

Basis der Schadensbestimmung können reale Kosten für eine Ersatzkraft sein, wenn und weil die eingestellte Person mit ihrer Arbeitskraft die aus-

---

[154] OLG Hamm, Urt. v. 28.1.2002-6 U 124/01, r+s 2002, 505.

[155] OLG Hamm, Urt. v. 21.1.1993-27 U 191/92, NZV 1994, 109.

gefallene Arbeitskraft ersetzt[156] und nicht z.B. wegen eines vermehrten Arbeitsanfalls herangezogen wird. Dann sind Kosten für die Ersatzkraft Vermögensfolgeschaden wegen des Arbeitsausfalls. Sind der Einsatz einer Ersatzarbeitskraft oder eine Mehrleistung oder Überstunden verletzungsfallbedingt notwendig geworden, kann in der Regel davon ausgegangen werden, dass der Aufwand das Gewinnergebnis des Betriebs verringert[157]. Ohne Gewinnsteigerung helfen tatsächliche Ersatzkraftkosten jedenfalls, die Gewinneinbuße einzuschätzen[158]. Denn beim gleich bleibenden Umsatz weist die Steigerung der Personalkosten (der durch den zur Aufrechterhaltung des ungeschmälerten Geschäftsbetriebs erhöhte Personalaufwand) den reduzierten Gewinn ausreichend sicher nach. Beim gesteigerten Umsatz deutet die relative Steigerung der Personalkosten auf einen verringerten Gewinn hin[159]. Zumindest Netto – Kosten einer vergleichbaren Ersatzkraft werden bei unentgeltlicher Schadensabhilfe durch Angehörige ersetzt. Als sachgerechter Versuch, einen Schaden abzuwenden[160], sind Ersatzkraftkosten im Rahmen des wirtschaftlich Vernünftigen ersatzfähig, selbst wenn die Ersatzkraft den Gewinnausfall erwartungswidrig nicht auffängt.

Der Ertrag überpflichtig nachgeholter Geschäfte ist nicht anzurechnen[161]. Als überobligatorisch kann die Mehrarbeit auf Kosten der Freizeit empfunden werden. Das vorherrschende Verständnis vom fehlenden Vermögenscharakter der Freizeit und der Umstand, dass lediglich die Dispositionsfreiheit über den Einsatz der Zeit beeinträchtigt ist, verwehrt indessen einen solchen Ansatz[162].

Das Ausscheiden des Selbstständigen aus dem Erwerbsleben grenzt den Gewinnausfallschaden zeitlich ein. Das OLG Köln[163] sieht indessen beim selbstständigen Gerüstbauer keinen Anlass zur zeitlichen Begrenzung, weil er sich erst und nur mit dem Nettoeinkommen eine Alterssicherung beschafft hätte, die ihm das (gleiche) Einkommen im Alter gewährleistet hätte.

---

156 OLG Celle, Urt. v. 17.8.2005-9 U 4/05, r+s 2006, 42.

157 BGH, Urt. v. 10.12.1996-VI ZR 268/95, NJW 1997, 941.

158 OLG Saarbrücken, Urt. v. 4.2.1999-3 U 533/94, OLGR 1999, 196.

159 OLG Celle, Urt. v. 9.3.2000-14 U 51/99, OLGR 2000, 254.

160 D.h. solange die Einstellung nicht gegen § 254 Abs. 2 BGB verstößt.

161 Vgl. u.a. BAG, Urt. v. 24.8.1967-5 AZR 59/67, NJW 1968, 221 zur vom Arbeitgeber vermiedenen Einkommenseinbuße beim Arbeitsvertragsbruch des Arbeitsnehmers.

162 S. aber OLG Düsseldorf, Urt. v. 11.7.1968-1 U 62/68, DAR 1969, 157.

163 OLG Köln, Urt. v. 22.6.1999-15 U 62/68, NZV 2000, 293 = DAR 2000, 68.

3. Arbeitsausfall

a) Handwerkliche (Eigen-) Leistung im und für einen Haushalt

Beeinträchtigungen der Kraft zur Instandhaltung oder Instandsetzung von Hausratsgegenständen oder zur Herstellung von Grundstücksbestandteilen führen zum Bedarfsschaden i.S.d. § 843 BGB oder zum Erwerbsschaden. Der Schaden ist nach dem Umfang und dem Wert der realistischen Leistung zu bemessen[164]. Zwischen dem gleichwohl realisierten und dem verletzungsbedingt nicht durchgeführten Vorhaben ist zu trennen, weil jede Schadensmanipulation auszuschließen ist, gerade bei im Zeitpunkt des Haftungsereignisses noch nicht begonnenen und gar nicht ausgeführten Arbeiten.

Reale Lohnmehrkosten oder zurechenbare Darlehenszinsen sind erstattungsfähig. Bei vereitelter Schönheitsreparatur von akzeptabler handwerklicher Qualität, kann das ersparte Entgelt für eine Handwerkerleistung als Wertmaß die Schadensabrechnung erleichtern.

Bei der unterhaltsrechtlichen Pflicht zur Ausführung solcher Arbeiten steht im Tötungsfall der Unterhaltsschaden in Frage, der einen entgangenen Vermögenszuwachs nicht einbezieht.

b) (Andere) Arbeiten im Haushalt

Die Hausarbeit, die Haushalts-, Familienangehörigen zugute kommt, betrifft die Frage eines Erwerbsschadens. Der Jurist, der den auf das Unterhaltsbedürfnis der Familienmitglieder entfallenden Teil der Arbeitskraft heranzieht, legt ein normatives Schadensbild zugrunde. Die Schadensberechnung zur Hausarbeit sollte freilich alle Funktionen und Leistungen für einen gemeinsamen Haushalt einschließen und nicht auf eine Verknüpfung mit einer gesetzlichen Unterhaltspflicht beschränkt werden. Jedenfalls muss ein Bezug der Arbeit auf eine Gegenleistung ohne Verpflichtungscharakter genügen. Die Hausarbeit unterliegt subjektiver Einschätzung und bestimmt von daher den Umfang der Arbeitszeit. Soweit mit der Erledigung der Hausarbeit persönliche Zuwendungen oder reine Annehmlichkeiten verbunden sind, geht es um Elemente einer immateriellen Folgelast. Eine in Folge frei gewordener Arbeitskraft mögliche Haushaltsarbeit reduziert mit einem korrespondierenden Wert den Anspruch wegen Verdienstausfalls – wie das OLG Saarbrücken meint[165] – nur, wenn diese Tä-

---

[164] BGH, Urt. v. 6.6.1989-VI ZR 66/88, NJW 1989, 2539 = VersR 1989, 857.

[165] OLG Saarbrücken, Urt. v. 8.11.2006-1 U 582/05, OLGR Saarbrücken 2006, 186.

tigkeit den bisher nicht berufstätigen Partner in die Lage versetzt, entgeltlicher Beschäftigung nachzugehen, oder andere greifbare vermögenswerte Vorteile gegeben sind. Dann soll freilich auf den Geldwert der Arbeit im Haushalt, nicht auf die Erwerbseinkünfte des mittelbar betroffenen Partners abgestellt werden. Dieser Ansatz steht im Widerspruch zum normativen Schadensverständnis, aber im Einklang mit Prinzipien des Vorteilsausgleichs.

c) Unentgeltliche Arbeit

Ob und in welchem Umfang der Schädiger zu unentgeltlichen Arbeiten vermögenswerter Art die ausfallende Leistung materiell auszugleichen hat, ist bisher nicht abschließend geklärt[166].

4. Prognose

Als entgangen gilt der Gewinn, der nach dem gewöhnlichen Laufe der Dinge festzustellen ist, d.h. auf der Grundlage der Ausbildung und beruflichen Lage einzuschätzen ist. Auch die besonderen Umständen (bisher erzielte Einkünfte, die familiäre Situation) können Basis des Wahrscheinlichkeitsurteils zur Einkommens-, Gewinnerzielung sein. Zeigen sich keine überwiegenden Anhaltspunkte für einen Erfolg oder Misserfolg, ist nach dem gewöhnlichen Lauf der Dinge von einem voraussichtlich durchschnittlichen Erfolg der Tätigkeit auszugehen und auf dieser Basis die weitere Prognose zu entgangenen Einnahmen anzustellen. Der Schätzungsbonus hilft dem Verletzten auch bei variablen Vergütungskomponenten. Über § 253 BGB ist kein Mindestersatz in dem Sinne zu bewirken, dass eine Geldentschädigung wegen Einschränkung der Erwerbsfähigkeit erfolgt, wenn zum Erwerbsschadensersatz nicht schlüssig vorgetragen wird[167].

Prognosefaktoren sind:

- Veranlagung; Begabung, Fähigkeit, Strebsamkeit; Neigung, Verhalten gegenüber Umwelt
- Begonnener Werdegang; Erreichbarkeit des Abschlusses einer begonnenen Ausbildung, Erreichbarkeit eines Arbeitsplatzes;

---

166 Zur vereitelten unbezahlten Arbeit mit vielen Beispielen Ch. Huber VersR 2007, 1330.

167 OLG Frankfurt, Urt. v. 25.2.1986-8 U 87/85, ZfS 1987, 262.

- Bisherige Einkünfte, körperliche, geistige, seelische Entwicklung; wirtschaftliche Weiterentwicklung; Aktivitäten trotz Behinderung, individuelle Entfaltung, realer Werdegang
- Psychische Einflüsse – Beschäftigungsrisiko – Konjunktur
- durchschnittlicher Erfolg – Statistik ?
- Berufliche, soziale Qualifikation der Eltern oder auch (?) anderer nächster Angehörigen; Entwicklung, Verhalten der Geschwister, Familientradition(?)

Ob der Gewinn vorhersehbar war, ist haftungsausfüllend nicht maßgebend. Der Verletzte muss auch keinen Rechtanspruch auf den Gewinn gehabt haben.

Die Einschätzung des Erwerbsnachteils schwer beeinträchtigter Kindern verlangt plausible Anhaltspunkte. Selbst im Fall eines Geburtsschadens darf wegen §§ 252, 842 BGB nicht anhand marktüblicher Leistungen arbeitswertorientiert abstrakt abgerechnet werden. Es sollte jedoch ein tabellarischer Mindesterwerbsschaden auf der Grundlage von Durchschnittseinkommen den angemessenen Ausgleich sichern helfen.

Der Haftungsrichter hat über die zur Zeit des Schadensereignisses vorhandenen Erkenntnisquellen hinaus die spätere Entwicklung in seine vorausschauenden Schätzungserwägungen zur künftigen individuellen Einkommensentwicklung einzubeziehen. Prozessual ist angesichts des Schätzungsermessens des Gerichts zum Erwerbsschaden ein unbezifferter Leistungsantrag zuzulassen.

a) Unwägbarkeitsabschlag

Unsicherheiten über Bemessungsfaktoren können zu Abschlägen führen. Bei Unwägbarkeiten wegen nicht kontinuierlicher Erwerbstätigkeit zieht die Praxis 10% vom zuletzt erzielten Arbeitsentgelt oder auch 1/3, beim wechselhaften, von langen Zeiten der Arbeitslosigkeit bestimmten Erwerbsleben 40% ab. Gelegentlich wird der Ersatzanspruch von daher zeitlich begrenzt[168]. Dergleichen verunsichert die Schadensermittlung. Zeiten einer Arbeitslosigkeit dürfen im Prinzip nur zum Abschlag vom Lebenseinkommen führen.

Wirken sich Vorschäden aus, fehlt es von dann an und in diesem Umfang an Zurechenbarkeit. Dann soll sogar um 50% reduziert[169] werden können, weil und wenn ein Vorschaden früher oder später vergleichbar be-

---

[168] KG, Urt. v. 2.9.2002-12 U 10719/99, NZV 2003, 239 und NZV 2005, 148.

[169] OLG Schleswig, Urt. v. 6.7.2006-7 U 148/01, NJW-RR 2007, 171.

einträchtigende Auswirkungen gehabt hätte. Gibt es mehrere Einflussfaktoren für ein reduziertes oder fehlendes Einkommen, ist dem Schädiger aber nur einer der Faktoren haftungsrechtlich zuzurechnen, ist ebenfalls die Frage zu beantworten, in welchem Umfang Schädiger und Haftpflichtversicherer an einem (monatlichen) Gesamtausfall zu beteiligen sind. Die Gewichtung und eine Quotierung[170] hilft praktisch weiter.
Wird kapitalisiert, versteht es sich nicht zwangsläufig, dass zum Erwerbsschaden eines schwer geschädigten Kindes auf seine verkürzte Lebenserwartung abgestellt wird. Mancher Verletzter wird im Zweifel eher von einer Abgeltung absehen und nicht den Erwerbsschaden mit Blick auf ersparte Ausbildungskosten und eine kurze Lebensarbeitszeit heruntergerechnet wissen wollen.

[170] Zur Teilkausalität (quantitativen Teilung), wenn ein Schaden einen auf ärztliches Versagen zurückgehenden Anteil hat und durch einen weiteren, der Behandlungsseite nicht zuzurechnender Umstand bedingt ist, beachte OLG Hamm, Urt. v. 7.6.1995-3 U 248/94, VersR 1996, 1371: Der Höhe nach Haftung für 30 % aller Aufwendungen im Zusammenhang mit der medizinischen Versorgung des Kindes.

Abgrenzung materieller und immaterieller Schaden

Rolf Jungbecker

A. Primärschäden

Die „Abgrenzung" materieller von immateriellen Schäden betrifft scheinbar nur die Folgeschäden eines unmittelbaren Personenschadens, also insbesondere den in § 843 Abs. 1 BGB angesprochenen Fall, dass durch die Verletzung des Körpers oder der Gesundheit die Erwerbsfähigkeit des Verletzten gemindert wird oder eine Vermehrung seiner Bedürfnisse eintritt.

Tatsächlich steht die Abgrenzung zwischen materiellen und immateriellen Schäden aber bereits auf der vorgelagerten Ebene des Primärschadens, also im Rahmen der (Wieder-) Herstellung der körperlichen Integrität zur Debatte. Denn der direkte Personenschaden ist ein immaterieller Schaden, für den die Restitution nach § 249Abs. 1 bzw. Abs. 2 S. 1 BGB verlangt werden kann. Diese Restitution geht auf die Beseitigung eines Nichtvermögensschadens.[1]

Für die aus beiden Ebenen relevante Abgrenzung ist zunächst die Definition der beiden Schadensarten von Nutzen. Der **materielle** Schaden ist begrifflich identisch mit dem Vermögensschaden. Er liegt vor, wenn der Schaden in Geld messbar und auch nicht der Persönlichkeitssphäre zuzuordnen ist. In Geld messbar ist ein Schaden, wenn sich dessen Höhe im Wesentlichen nach objektiven Kriterien und frei von subjektiven Empfindungen des jeweiligen Betroffenen bestimmten lässt[2].

Immaterielle Schäden sind hingegen körperliche oder seelische Belastungen bzw. alle Nachteile außerhalb von Vermögensdispositionen. Sie werden durch subjektive Empfindungen und Wertvorstellungen bestimmt. Dazu gehört die Lebensfreude des einzelnen Menschen, der Einfluss auf die Tätigkeit in der Freizeit und auch der Verlust der Fähigkeit zu einer

---

1 BGHZ 97,19.

2 Lange/Schiemann, Handbuch des Schuldrechts „Schadensersatz", 3. Auflage, S. 51.

nicht wirtschaftlichen Beschäftigung. Über einen Markt mit objektiven, ggf. objektivierbaren Kriterien lässt sich dazu nichts messen[3].

Auf der bereits angesprochenen Ebene des Primärschadens gibt es zwei typische Fragestellungen zur Abgrenzung materieller von immateriellen Schäden:

I. Kann der Verletzte Ersatz für fiktive Operationskosten verlangen?
II. Kann für die Restitution eines Körperschadens (also Nichtvermögensschadens!) ausnahmsweise die auf Vermögensschaden zugeschnittene obere Haftungsgrenze des § 251 Abs. 2 BGB (Grundsatz der Verhältnismäßigkeit) angewandt werden?

Ad I. (Fiktive Operationskosten)

Es geht um die Frage, ob der Verletzte die für eine Korrekturoperation (z.B. Korrektur einer eher geringfügigen Narbe) erforderlichen Kosten auch dann verlangen kann, wenn er eigentlich gar nicht die Absicht hat, die Operation durchführen zu lassen.

Die Problematik ist aus dem Sachschadensbereich bekannt. Der Geschädigte kann dort Ersatz der „fiktiven" Reparaturkosten verlangen, ohne die Reparatur durchführen zu müssen. Maßgeblicher Gesichtspunkt ist, dass der Geschädigte in seinem Vermögen beeinträchtigt ist. Wie der Geschädigte dann sein Vermögen konkret gestaltet (ob er sein Kfz repariert, ob er ein neues Kfz kauft oder ob er gänzlich anders disponiert, ist seine eigene Angelegenheit[4].

Noch in den 70er Jahren haben Oberlandesgerichte diese Rechtsprechung auf Personenschäden übertragen. Der BGH lehnt die Übertragung dieser Rechtsprechung indes ab. Und hier kommen ganz typische Erwägungen zur Abgrenzung zwischen Vermögensschäden und Nichtvermögensschäden ins Spiel. Bei Personenschäden geht es, wie dargelegt, um die Beseitigung eines Nichtvermögensschadens. Nach BGH[5] verbietet sich hier wesensmäßig ein Verständnis, das im Verzicht des Verletzten auf eine Restitution lediglich eine Vermögensdisposition sehen wollte. Will der Geschädigte mit der unbehandelten Verletzung weiterleben, erhält er ein Schmerzensgeld. Würde er stattdessen die Behandlungskosten ersetzt erhalten, würde er in Wahrheit eine Kompensation für die fortdauernde Beeinträchtigung seiner Gesundheit verlangen. Eine solche Kompensation

3 Pardey, Berechnung von Personenschäden, 3. Auflage, Rdn. 59.
4 BGHZ 97,18.
5 BGHZ 97, 18.

billigt die Rechtsordnung dem Verletzten aber eben nur gem. § 253 BGB zu[6].

Interessant erscheint die Begründung, warum das **österreichische** Recht eine fiktive Erstattung auch von Operationskosten zulässt. Es sei zwar – so der österreichische OGH – einzuräumen, dass bei einer Körperverletzung im Zeitpunkt der Verletzung nur ein realer Personenschaden vorliegt, eine Vermögensminderung aber noch nicht. Wenn aber dem Geschädigten für die Verletzung absoluter Vermögensgüter ein Anspruch auf Ersatz eines objektiv abstrakt berechneten Schadens zusteht, müsse dies umso mehr für die Verletzung eines höher zu bewertenden Persönlichkeitsrechtes gelten[7].

Ad II. (Unverhältnismäßigkeit der Kosten einer Korrekturoperation?)

Ausgangsfall: Der Kläger verlangt Kosten für eine weitere Korrekturoperation (im Fall BGHZ 63, 295: Korrektur einer Narbe)[8]. Der Schädiger wendet unverhältnismäßig hohe Koten ein und möchte stattdessen die Belastung mit der Narbe mit einem höheren Schmerzensgeld abgelten.

Die Frage ist, ob für des Restitutionsverfahren nach § 249 BGB die Zumutbarkeitsgrenze nach § 251 Abs. 2 BGB auch bei Personenschäden gilt. An sich ist § 251 BGB nur auf Vermögenseinbußen zugeschnitten, nicht aber auf den Ausgleich nur immaterieller Nachteile[9]. Dennoch gilt § 251 Abs. 2 BGB auch in Schadensfällen, in denen der Ausgleich immaterieller Nachteile im Vordergrund steht.

Für die Abgrenzung beider Schadensarten interessant ist die weitere Frage, wie denn die (Un-) Verhältnismäßigkeit beurteilt werden kann. Das Berufungsgericht hatte im BGH-Fall die Kosten für die operative Beseitigung dem Schmerzensgeld gegenüber gestellt, das für die immaterielle Beeinträchtigung durch die verbliebene Narbe zu zahlen wäre. Der BGH lehnt einen solchen „Wertvergleich“ ab, weil er den unterschiedlichen Rang der konkurrierenden Interessen und ihre Wesensverschiedenheit außer Acht lässt. Es geht bei der Ermittlung der Zumutbarkeitsgrenze vielmehr zunächst darum, ob der Verletzte auf eine an sich mögliche Herstellung der körperlichen Integrität wegen materieller (!) Interessen des Ersatzpflichtigen verzichten muss. Bei nicht unbedeutenden körperlichen Beeinträchtigungen ist indes dem Geschädigten der Verzicht auf ihre mög-

[6] BGHZ 97, 18.
[7] OGH in JBl 1986, 580.
[8] BGH 63, 295: Korrektur einer Narbe.
[9] BGHZ 63, 298.

liche Beseitigung in aller Regel schon wegen der zentralen Bedeutung der körperlichen Integrität nicht zuzumuten[10].

B. Folgeschäden

Die in der Praxis vor allem relevante Fallgruppe betrifft die Folgeschäden, die nicht mehr direkt die Beseitigung der unmittelbaren Verletzung betreffen, sondern die damit in der Folge verbundenen weiteren Interessen, auf die insbesondere § 843 Abs. 1 BGB Bezug nimmt.

I. Aufhebung/Minderung der Erwerbsfähigkeit

Entgegen dem Wortlaut der Vorschrift ist die bloße Minderung der (als solcher rein abstrakten!) Erwerbsfähigkeit noch nichts, was konkret einen Nachteil für den Erwerb oder das Fortkommen eines Geschädigten darstellt. Vielmehr gehört die abstrakte Erwerbsfähigkeit nach herrschender Meinung der Persönlichkeitssphäre an. Deshalb ist die Minderung der Erwerbsfähigkeit (MdE) bekanntlich ein ganz typischer Bemessungsfaktor für das Schmerzensgeld.

Arbeitskraft und Erwerbsfähigkeit sind Eigenschaften der Person, die in erster Linie mit den Rechtsgütern der körperlichen Unversehrtheit und der Gesundheit verbunden sind. Nach

§ 823 BGB löst die Verletzung dieser Rechtsgüter für sich allein noch keine vermögensrechtliche Ersatzpflicht aus, sondern erst dann, wenn aus der Verletzung dieser Rechtsgüter ein Vermögensnachteil entstanden ist[11].

Dem in seiner Arbeitsfähigkeit Geschädigten entsteht ein Vermögensschaden erst dann, wenn sich der Ausfall oder die Beeinträchtigung der Erwerbsfähigkeit konkret und sichtbar ausgewirkt hat. Das muss sich allerdings nicht im Verlust bisher bezogener Einnahmen zeigen, sondern kann sich auch im Ausbleiben von ohne die Schädigung zu erwartenden gesteigerten Gewinnen manifestieren.

BGHZ 69, 34: In Erwartung des (dann gescheiterten) Erwerbs von zwei Grundstücken hatte ein Architekt Zeit- und Arbeitsaufwand für die Erstellung von Bebauungsentwürfen gehabt. Er verlangte (wegen Nichteinhaltung einer Verkaufszusage) Schadensersatz für überflüssig eingesetzte Arbeitskraft. Der BGH: Der vergebliche Einsatz der Arbeitskraft ist für sich allein betrachtet kein Vermögensschaden. Entscheidend für das Vorliegen

---

10 BGHZ 63, 298.

11 BGHZ 45, 50.

eines Schadens ist, dass durch vergeblichen Einsatz der Arbeitskraft ein gewinnbringender anderweitiger Einsatz der Arbeitskraft unterblieben ist. Es muss also ein tatsächlicher Verdienst- oder Gewinnausfall vorliegen[12].

In dieser Allgemeinheit ist dies indes unzutreffend; denn bekanntlich wird für die Verletzung des haushaltsführenden Ehegatten Schadensersatz ungeachtet der Tatsache geschuldet, dass der Verletzte hier keinen Erwerbsausfall hat[13]. Und dieser Gedanke ist in der Rechtsprechung interessanterweise erweitert worden:

LG Karlsruhe, NJW-RR 1996, 1239:[14]
Hier ging es um die Verletzung einer ehrenamtlich tätigen Frau als Leiterin eines Sozialdienstes. Sie leistete täglich etwa 8 Stunden unentgeltlich Sozialarbeit für die dem Caritas angehörende Institution.

Das LG Karlsruhe betont den (mit der BGH-Rechtsprechung übereinstimmenden) Ausgangspunkt, dass demjenigen, der nur von seinem Vermögen lebt oder arbeitslos oder arbeitsunwillig ist, durch den Verlust seiner Arbeitsfähigkeit kein Vermögensschaden entsteht. Anders ist dies, wenn die Arbeitsleistung einen Marktwert hat, wobei – wie das LG Karlsruhe betont, nicht unbedingt ein entgangener Gewinn oder Verdienst Voraussetzung für die Anerkennung eines Vermögensschadens ist (aaO S. 1241[15], vgl. den Ausfall der Arbeit des haushaltsführenden Ehegatten, s.o.). Kein Grund für die Versagung eines Vermögensschadensersatzes ist die Unentgeltlichkeit der Leistungserbringung. Der Gewinn oder das Entgelt ist nämlich nur im erwerbswirtschaftlichen Bereich das Kriterium dafür, ob eine Dienstleistung „wertvoll" ist, nicht aber im Bereich der „um ihrer selbst Willen wertvollen Vermögensverwendung" (BGZ 98 S. 218[16] sprich von dem „eigenwirtschaftlichen" Einsatz des Vermögens). Nicht das Haben, Erhalten und Vermehren des Vermögens ist der Zweck des Vermögensschutzes, die in selbst wertvolle, außerhalb ökonomischer Zwecke liegende Verwendung der Güter[17].

Der Gedanke des immateriellen Charakters der reinen Arbeitskraft taucht bei der weiteren Fallgruppe der „vermehrten Bedürfnisse" ganz ähnlich auf in Gestalt der „reinen Freizeit", wie sie insbesondere beim Pflege- und Betreuungsmehraufwand von rechtlicher Bedeutung ist. Die Frage ist aber hier schon zu stellen: Wirken sich die Erwägungen zum (möglichen) Vermögensschadenscharakter einer unentgeltlichen (sozialen) Tätigkeit auf die Zuordnung elterlicher Betreuungsleistungen zum Vermögensschaden aus?

---

12 BGHZ 69, 34.
13 BGHZ 38, 55.
14 LG Karlsruhe, Urt. v. 5.8.1996-12 O 148/95, NJW-RR 1996, 1239.
15 LG Karlsruhe aaO.
16 BGHZ 98, 218.
17 BGHZ 98, 218.

II. Pflege- bzw. Betreuungsmehraufwand

Das in der Praxis vielleicht häufigste und auch wohl typischste Problem dieser Gruppe ist der **Pflege- bzw. Betreuungsmehraufwand**. Gerade hierzu hat offenbar die Rechtsprechung die maßgeblichen Abgrenzungskriterien für eine Zuordnung zur materiellen oder aber immateriellen Sphäre entwickelt.

Das für die Abgrenzung wohl entscheidende Kriterium ist die Frage, ob Betreuungsleistungen von Angehörigen einen Ersatzfähigen Betreuungsaufwand oder aber eine (der immateriellen Sphäre zuzurechnende) vermehrte elterliche Zuwendung darstellen.

BGH VersR 1989, 188: [18]
Der Betreuungsaufwand muss sich in der Vermögenssphäre als geldwerter Verlustposten konkret niedergeschlagen haben. Das spiegelt sich ggf. darin wieder, dass sich nach objektiven Bemessungskriterien ein **Marktwert** ermitteln lässt – was bei entstandenem Verdienstausfall leider unproblematisch ist. Und der Vermögenswert ist bei solchen Pflegediensten objektivierbar, die statt von einer fremden Pflegekraft von einem Angehörigen erbracht werden.

Auch andere schadensbedingt vermehrte Fürsorgeleistungen der Eltern sind erstattungsfähig, soweit sie ihrer Art nach in vergleichbarer Weise auch von einer fremden Hilfskraft übernommen werden können, so beim Ersatz der Eltern im Rahmen der Begleitung und Betreuung des Kindes nachstationären Behandlung und zur Rehabilitation.

Im BGH-Fall hatten sich die Eltern aber ausschließlich in ihrer Freizeit im Krankenhaus aufgehalten, so dass kein Verdienstausfall entstanden war. BGH: Ebensowenig wie der reine Arbeitszeitverlust als solcher ist der Verlust an (Urlaub oder) Freizeit ersatzfähig, sofern solche Einbußen nicht geldwert in der Vermögensbilanz in Erscheinung treten. Der BGH betont, dass auch auf anderem Wege dieser Einsatz der Eltern nicht als Vermögenseinbuße hinreichend objektiviert werden konnte: Die Eltern hatten am Krankenbett des Kindes eben keine Pflegeleistung erbracht, die anderenfalls von fremden Pflegekräften zu erbringen gewesen wäre.

Der eigentliche Wert der Anwesenheit der Eltern lag, so der BGH darin, dem Kind das Gefühl der elterlichen Nähe und Zuneigung zu geben. Damit ging es um die persönliche Zuwendung, die Eltern einem kranken Kind entgegenbringen und wie sie allein die Eltern zu leisten vermögen. Fremde Pflegekräfte könnten Vergleichbares nicht bewirken. Die persönliche Verbundenheit, die in der Anwesenheit der Eltern am Krankenbett zum Ausdruck kommt, hat keinen irgendwie gearteten Marktwert.

---

[18] BGH, Urt. v. 22.11.1988-VI ZR 126/88, VersR 1989, 188.

Im Falle BGH VersR 1999, 1156[19] hatte die dortige Klägerin ein weiteres Argument für die Objektivierbarkeit vorgebracht:

Es gebe ausgebildetes, psychologisch und erzieherisch geschultes Fachpersonal, das Kindern in vergleichbaren Situationen seelische und pädagogische (Fremd-) Betreuung zu teil werden lassen könnte. Der BGH ist auch dem nicht gefolgt:

Mag die Beruhigung, Ablenkung und Tröstung des Kindes theoretisch auch durch entsprechend geschultes Fachpersonal erfolgen können, so kann in einer Familienbeziehung im Hinblick auf die selbstverständlichen und originären Aufgaben der Eltern im Rahmen des Eltern-Kind Verhältnisses die Heranziehung einer fremden Kraft für einer derartige, in der Freizeit und ohne Verdienstausfall erbrachte Zuwendung und Betreuung keine ernstzunehmende Alternative sein[20].

Hier stellt sich die bereits angesprochene Frage, ob die vom Landgericht Karlsruhe (vgl. oben) angestellten Überlegungen bei der Verletzung eines unentgeltlich Tätigen nicht auch auf die Betreuungsleistungen von Eltern in ihrer Freizeit übertragbar sein können.

Das LG Karlsruhe hat nämlich keinen Grund für die Zuordnung zum Vermögensschadensbereich darin gesehen, dass es bei ehrenamtlich erbrachten Arbeitsleistungen häufig Abgrenzungsschwierigkeiten zwischen vermögenswerten und nichtvermögenswerten Dienstleistungen gibt[21]. Dabei betont das LG durchaus, dass letztlich entscheidend immer das Kriterium sei, ob die betreffende (unentgeltliche) Tätigkeit „einer professionellen Arbeit noch einigermaßen verwandt und vergleichbar" sei, was bei vielen Ehrenämtern grundsätzlich ausscheidet. Wenn es aber um ehrenamtliche Tätigkeiten im sozial-caritativen Bereich geht, dann gebe es zwar typische Unterschiede zwischen der ehrenamtlichen und der professionellen Arbeit in diesem Bereich; diese Unterschiede stehen aber einer Vergleichbarkeit beider Tätigkeiten nicht entgegen. So betont das LG, dass viele ehrenamtliche Mitarbeiter Kenntnisse und Erfahrungen nicht nur aus ihrer Ausbildung oder ihrer Arbeit in einem sozialen Beruf mitbringen, sondern auch „Alltagskompetenz aus ihrer Tätigkeit in der Familie und im Haushalt, wobei im sozialen Berufsfeld Form und Inhalt der Tätigkeiten große Ähnlichkeit mit der privaten Arbeit als Hausfrau und Mutter haben"[22]. Und „in anderen Bereichen ergänzen sich hauptamtliche und ehrenamtliche Arbeit oft so, dass die ehrenamtlichen Mitarbeiter für die unmittelbare persönliche Zuwendung, die sozialen Kontakte und Gespräche zuständig sind, oh-

---

19 BGH, Urt. v. 8.6.1999-VI ZR 244/98, VersR 1999, 1156.

20 BGH aaO., S. 1157.

21 LG Karlsruhe aaO., S. 1242.

22 LG Karlsruhe aaO.

ne dass die Arbeit der einen weniger wertvoll wäre als die der anderen; denn dass die ehrenamtlichen sich oft mehr Zeit nehmen, dass das Interesse bei einem frei gewählten und nach eigenem Bedürfnis dosierten Einsatz oft frischer ist, kann durchaus eine fehlende berufliche Kompetenz aufwiegen[23].

Das sind nun aber, wie angedeutet, Erwägungen, die auch bei der „bloßen" elterlichen Zuwendung zum Tragen kommen könnten. Die Rechtsprechung erscheint insoweit meines Erachtens nicht ganz stimmig.

Im Falle BGH VersR 1999, 1156[24] ging es auch um die Frage, ob die Eltern Ersatz für den Zeitaufwand verlangen konnten, der aufgrund von Sprechübungen mit dem verletzten Kind anfielen. Der BGH hat auch dies verneint. Er hat insbesondere in der Tatsache, dass nur die seitens der Fachkraft tatsächlich erbrachten spracherzieherischen Leistungen das gewünschte Ergebnis zeitigen, ein gewichtiges Indiz dafür gesehen, dass die Bemühungen der Eltern „in Wahrheit ihrem Charakter nach schon im Ansatz nicht mit den gebotenen Leistungen einer fremden Fachkraft verglichen werden können"[25].

Die Frage ist sicherlich auch, ob in jedem Fall solcher „Sprechübungen" die Objektivierbarkeit oder Vergleichbarkeit gem. den Erwägungen des BGH verneint werden kann. Wenn etwa akademisch ausgebildete Eltern mit ihrem (aufgrund eines Geburtsschadens an Taubheit grenzender Innerohrschwerhörigkeit leidendem) Kind Sprechübungen machen, um etwa grammatikale Strukturen aufzubauen, dann erscheint es fraglich, ob hier die Fachkräfte wirklich so viel kompetenter sind. Dies gilt gerade auch vor dem Hintergrund der zitierten Erwägungen der Rechtsprechung im Falle der Verletzung eines unentgeltlich tätigen Sozialarbeiters.

Nach OLG Frankfurt[26] wirkt sich der Verlust an Freizeit, den die Eltern eines geschädigten Kindes deshalb erleiden, weil das Kind laufend ärztlich und krankengymnastisch betreut werden muss, Schmerzensgeld erhöhend aus. Maßgeblicher Gesichtspunkt war für das OLG, dass mit der Vielzahl von Fahrten zu Ärzten und Kliniken ein „für die persönliche Entwicklung des einzelnen wie der Familie fruchtloser Zeitaufwand" verbunden war, der sich dann in Störungen des Familienlebens manifestierte und „zwangsläufige Verluste an sinnvollerer elterlicher Zuwendung zum Kind" mit sich brächten. Das wiederum führe zu Verlusten der Eltern an körperlicher und nervlicher Kraft, „die sich auf das Kind und seine persönlichen Lebensumstände negativ auswirken müssen".

---

23 LG Karlsruhe aaO., S. 1242.

24 BGH aaO.

25 BGH aaO, S. 1158.

26 OLG Frankfurt am Main, Urt. v. 21.5.1999-24 U 150/94, VersR 2000, 607.

Diese Erwägungen zeigen meines Erachtens, dass sie nicht etwa auf jeden Fall der Einbuße von Freizeit der Eltern übertragen werden kann.

III. Behinderungsbedingter Mehraufwand

Ähnliche Abgrenzungsschwierigkeiten kann es bei behinderungsbedingtem Mehraufwand bspw. eines Kraftfahrzeuges geben (betreffend die Kosten der Anschaffung und/oder des Betriebes eines solchen Fahrzeuges). Wird das Fahrzeug für behinderungsbedingt erforderliche Transporte (z.B. zu ärztlichen Untersuchungen) verwendet, liegt ein Vermögensschaden vor. Wird das Fahrzeug zur Durchführung von Ausflügen verwendet, um die Lebensführung des Verletzten so angenehm wie möglich zu gestalten, ist der Schaden immateriell.

BGH, NJW-RR 1992, 792:[27]
Der Kläger verlangte unter anderem Schadensersatz für Kosten für Mehrfahrten mit seinem Pkw. Hier hatte er geltend gemacht, er könne sich nicht mehr wie vor seinem Unfall sportlich betätigen und müsse sich stattdessen anderen Beschäftigungen mit einem höheren Kostenaufwand zuwenden. Deshalb wolle er mit dem Pkw nunmehr häufiger zu seinen Verwandten fahren.

BGH: Bei dem Verzicht auf die Teilnahme an Sportveranstaltungen handelt es sich um einen immateriellen Schaden. Das Schmerzensgeld erfasst seinem Wesen nach auch diejenigen Aufwendungen, mit denen der Verletzte den mit dem Verzicht verbundenen Verlust an Lebensfreude durch vermehrte Fahrten zu seinen Verwandten auszugleichen versucht. Um einen Vermögensschaden handelt es sich lediglich soweit der Verletzte seinen Mehraufwand damit begründet, dass er wegen seiner Unfallverletzung keine Großeinkäufe mehr tätigen könne, sondern täglich zu kleineren Einkäufen fahren müsse. Die damit verbundenen Mehrkosten kann er nach § 842 BGB ersetzt verlangen

In engerem Zusammenhang mit dieser Fallgruppe steht eine unveröffentlichte Entscheidung des OLG Düsseldorf aus diesem Jahr.[28]

Die Klägerin hatte eine Gesellschafterin angestellt, die nicht etwa dem Ausgleich der durch ihre Behinderung verursachten Vermehrung von Bedürfnissen diente, weil dieser Ausgleich bereits durch vollstationäre Pflegekräfte gewährleistet wurde. Die Gesellschafterin sollte deshalb auch nicht dem Zweck dienen, die eigentliche Pflege zu bewerkstelligen, vielmehr sollte durch ihren Einsatz eine persönliche Ansprache und die Erfüllung der durch das Pflegepersonal nicht immer wunschgemäß zu leistenden schnellen Hilfestellungen gewährleistet sein, um eine Steigerung der

[27] BGH, Urt. v. 18.2.1992-VI ZR 367/90.
[28] OLG Düsseldorf, Urt. v. 22.03.2008- 8 U 8/05.

krankheitsbedingt beeinträchtigten Lebensqualität und Lebensfreude zu bewirken.

Dieser Wunsch nach persönlicher Zuwendung betraf, so das OLG, indes den Bereich des immateriellen Schadensersatzes. Er war vom OLG im Rahmen der Bemessung des Schmerzensgeldes entsprechend berücksichtigt worden.

In einem wiederum vor der Problematik her ähnlich gelagerten Fall (ebenfalls des OLG Düsseldorf in r+s 97 S. 504)[29] ging es um die Inanspruchnahme von Prostituierten.

Der Kläger war aufgrund eines Unfalles an den Rollstuhl gebunden. Er verlangte von den Beklagten die Erstattung monatlicher Unkosten von Dm 800,00 mit der Begründung, die eheähnliche Beziehung, in der er gelebt habe, sei unfallbedingt zerbrochen, er sei jetzt unfallbedingt zur Befriedigung seiner sexuellen Bedürfnisse auf die Hilfeleistung einer Prostituierten angewiesen.

OLG: Die mögliche Beeinträchtigung bei der Befriedigung sexueller Bedürfnisse ist dem Bereich der Lebensfreude und somit dem immateriellen Bereich zuzuordnen. Mit der notwendigen Inanspruchnahme einer Haushaltshilfe oder von Pflegepersonal sind die Dienste einer Prostituierten nicht vergleichbar.

Dass in einem solchen Fall die „Lebensfreude" betroffen ist, mag angehen. Wenn aber für diese Facette der „Lebensqualität" tatsächlich ein Vermögensaufwand betrieben wird, dann mag es gleichwohl problematisch sein, die Vergleichbarkeit solcher Leistungen für die Lebensqualität gegenüber denjenigen einer Haushaltshilfe ohne Weiteres zu verneinen.

Als Fazit kann meines Erachtens nur festgehalten werden, dass die Abgrenzung zwischen materiellen und immateriellen Schäden keineswegs immer streng logisch vollzogen wird und nachvollzogen werden kann, dass hier viel mehr Bewertungen einfließen, für die der Gesetzgeber allerdings mit seiner Unterscheidung der Bereiche der §§ 249, 251 BGB einerseits und des § 253 BGB andererseits Raum geschaffen hat.

[29] OLG Düsseldorf, Urt. v. 20.9.1997-1 U 232/96, r+s 97, 504.

1. Diskussion

Uphoff: Vielen Dank, Herr Dr. Jungbecker. Zwei kurze Sätze vor der Diskussion. Wenn die Restitution der Rechtsgutsverletzung der wesentliche Grund der Schadensersatzberechnung ist, dann meine ich, wird man häufig einwenden müssen, dass man zu Beginn einer Therapie, zu Beginn einer Betreuung, überhaupt nicht weiß, ob diese Restitution erreicht werden kann. Deswegen denke ich, ist es schon auch im Hinblick auf die Sinnhaftigkeit wesentlich, ob die Betreuung, die Behandlung, die Therapierung Erfolg versprechend ist oder nicht. Ob das so in der Rechtsprechung Niederschlag gefunden hat, weiß ich nicht, Herr Kollege Dr. Jungbecker hat es kurz angesprochen. Ich eröffne hiermit die Diskussion und bitte um Wortmeldungen.

Puff-Drobny, Versicherungskammer Bayern: Ich bin für Arzthaftpflichtschäden zuständig. Ich frage mich jetzt- gerade auch in Geburtsschäden wegen der Abgrenzung materiell – immateriell-, für was wird das Schmerzensgeld eigentlich überhaupt einzusetzen sein? Es wird jetzt, die Delfintherapie in Amerika immer moderner und da heißt es dann, das Kind hat einen glücklichen Eindruck gemacht. Wenn es dem Wohl dient, dann ist es einerseits vielleicht materiell zu bezahlen, andererseits denke ich, wenn es dem Kind wirklich damit gut geht, warum bezahlt man es nicht mal? Aber was geschieht im Falle eines nicht so schwer verletzten Kindes? Der zweite Fall, da ist ein Kind nicht so schwer verletzt, die hatten Urlaub in Österreich gemacht. Auf einmal sagt die Mutter: „Mein Kind will jetzt unbedingt nach Amerika“ und dann wird die Rechnung für einen Flug nach Amerika eingereicht- für Mutter und Tochter. Da denke ich dann auch, ob das jetzt nicht nur gemacht wird, weil andere es bezahlen, obwohl es vielleicht sonst nicht geleistet worden wäre. Ist das nicht eine Sache des Schmerzensgeldes? Meine Frage ist einfach, kann man da irgendeine Abgrenzung finden, ist das wieder die Notwendigkeit der Angemessenheit?

Uphoff: Ich gebe die Frage gleich weiter. Herr Pardey, ist das schon Schikane, in die USA zu fliegen?

Pardey: Also das mit dem Lächeln des Kindes kommt mir so vor, als wenn wir neulich miteinander gesprochen hätten. Denn das ist genau mein Stichwort, das Lächeln des Kindes. Das habe ich mal gesagt oder vielleicht auch irgendwo geschrieben. Wir wissen alle, dass natürlich die Verwendung des Schmerzensgeldes keine Rolle spielt. Also wofür man das Schmerzensgeld einsetzt, steht schlicht und einfach im Belieben derjenigen, die das Schmerzensgeld gekriegt haben, also entweder des Kindes oder der Eltern, seiner Angehörigen. Eltern aber für das Kind, nicht für sich selbst. Also wenn die Eltern dann meinen, sie wollen Urlaub machen in den USA mit fünf Familienangehörigen, gut, dann haben sie vielleicht eine Pflichtwidrigkeit dem Kind gegenüber begangen, das betrifft den Schädiger, nicht den Haftpflichtversicherer. Mit der Delfintherapie weiß ich es nicht. Und deswegen haben Sie das ja schön nebeneinander gestellt. Genau das ist meine Schwierigkeit, die ich in diesem Zusammenhang habe. Natürlich haben wir auch immer beim Schadensumfang zu sehen, dass wir die Haftung nicht ausweiten dürfen. Aber die Ausweitung des Haftungsgrundes ist eigentlich die Ungewissheit, die tatsächliche Ungewissheit. Der § 287, das ist auch das, was eben noch mal gesagt worden ist. Gut, das Lächeln des Kindes sehen wir. Aber ob es dem Kind wirklich besser geht, das meinten Sie doch da sicher auch mit, ob das Kind nicht vielleicht drei Tage länger lebt, das wissen Sie nicht, das weiß ich nicht, das weiß niemand. Und mehr brauche ich dazu nicht zu sagen, das weiß überhaupt niemand. Und das ist § 287 und das ist die Ungewissheit, das ist die tatsächliche Ungewissheit, genau das, was Sie gerade gesagt haben, in der Kalkulation, wie wird es denn überhaupt, auch mit ihren Sprechübungen. Wir müssen eigentlich den Schadensersatz zahlen, bevor die Sprechübungen begonnen haben, bevor die Therapie begonnen hat. Und dann müssen wir das kalkulieren. Und auszuwählen haben das aus meiner Sicht die Eltern oder die Familien, die Angehörigen, die haben da eine Auswahlfreiheit und insofern haben sie auch eine Verwendungsfreiheit. Und wir können das in der Tat nur kontrollieren, einerseits vom Ergebnis her, das macht der Tatrichter immer gerne. Der kommt und wartet, bis das Kind zuhause ist, der Fall wird so lange hingezogen, solange wird nicht entschieden, dann wird im nachhinein geprüft, ob das denn nun gut war oder nicht, genau das, was Sie gerade eben gesagt haben und das ist im Prinzip nach dem Schadensrecht § 843, 287 ZPO verfahrensrechtlich und § 249 sowieso, falsch. Denn an und für sich muss der Schädiger das Kind betreuen. Der Schädiger muss die beste Therapie für dieses Kind suchen. Und deswegen finde ich, ist das die Ungewissheit und ich betone deswegen in der Tat auch die Auswahlfreiheit. Genau wegen dieser Prognoseunsicherheiten würde ich das Lächeln des Kindes in geeigneten Fällen heranziehen und das ist meine Kontrolle. Es muss ein wirklich schwerer Fall sein und deswegen würde ich das in der Tat mit Schikane so untersuchen. Also es müssen medizinische, es müssen menschliche Gründe gegeben sein, wie bei der Untersuchung. Wir haben das neulich in der Gazette gelesen und da habe ich mich ein wenig auch wieder darüber aufgeregt. Hinterbliebenen in geeigneten Fällen sagen die Berufsgenossenschaften: Umschulung. Dem Menschen eine Chance geben. Die verbliebene Arbeitskraft wenigstens versuchen, wieder herzustellen, um dann die Chance zu eröffnen auf dem Arbeitsmarkt. Nun macht das eine Berufsgenossenschaft trotz der wirtschaftlichen Vorgaben, die sie haben und dann bleibt die Berufsgenossenschaft dort sitzen und die Haftpflichtversicherung muss es nicht bezahlen, obwohl Auslöser dieses ganzen natürlich unser Haftungsereignis war. Und dann steht in den entsprechenden und einschlägigen Zeitungen, das ist alles richtig so, denn es kommt darauf an, ob die Umschulung erfolgreich ist. Also aus meiner Sicht ist das das Lächeln in anderer Form. Natürlich ist der Sinn der Umschulung, dass wir nachher jemanden auf dem Arbeitsplatz haben und dass der nachher Arbeit verdient, natürlich klar. Bloß das wissen wir nicht bei unseren gestörten, bei unseren behinderten Kindern. Gebt denen doch eine Chance, das steht im SGB XI. Das ist doch wohl eine eindeutige Ausrichtung. Ja und dann, wenn die Berufsgenossenschaft das macht, wenn der Arzt dafür ist, wenn die Berufsgenossenschaft dafür ist, wenn alle Therapeuten dafür sind, wenn alle diejenigen, die da Sachkunde haben im Umgang mit diesen Menschen und dieser Situation, dafür sind, dann steht es mir als Richter nicht an, zu sagen, das wäre falsch, das muss der Haftpflichtversicherer nicht zahlen, das ist meine kurze Antwort.

Uphoff: Wenn ich Sie richtig verstehe, sagen Sie, wenn also ein Kinderneurologe, ein Neuropädiater das Kind nach der Delfintherapie untersucht hat und bestätigt, das Kind ist lockerer, ist stabiler, ist „gesünder“, dann ist diese Therapie keine Schikane gewesen.

Pardey: So würde ich das in der Tat machen.

Jungbecker: Im Zusammenhang mit Ihrer zweiten Frage, also nur ganz generell, das Problem taucht ja immer wieder auch auf bei den vermehrten Bedürfnissen. Alle Maßnahmen, die jetzt mehr der so genannten Lebensfreude zuzuordnen sind, die sind nun gerade eben nicht dem Vermögensschaden zuzuordnen, das sind alles Dinge, die dem Schmerzensgeld dann entsprechend zugänglich sind. Ich kam nicht mehr dazu, diesen einen Fall vom OLG Düsseldorf von diesem Jahr, Herr Kollege Makiol hat ihn mir freundlicherweise vermittelt, für den Vortrag, kurz zu referieren, wo ein Geschädigter eine Gesellschafterin angestellt hatte, die jetzt über die reinen Pflegeleistungen hinaus dafür sorgen sollte, dass der Geschädigte in ihr noch einen speziellen Ansprechpartner hatte. Diese Gesellschafterin sollte ihm dann auch so ein bisschen mehr noch dieses Gefühl vermitteln, „jetzt finde ich wieder irgendwie Anschluss zum Leben“. Da hat das Oberlandesgericht gesagt, das betrifft jetzt die Lebensqualität. Die Lebensfreude und das ist Schmerzensgeld, das hat jetzt mit dem Vermögensschaden nichts mehr zu tun.

Teipel, Rechtsanwalt, Berlin: Herr Pardey, das Thema ist „Mängel im Schadensausgleich“. Und Sie haben da ja erhebliche Mängel aufgezeigt und haben gesagt, der Richter schreibt das dann so und so rein. Sie als Anwälte dürfen das nicht, Sie haben eine Substantiierungslast und da habe ich eine Frage aus den Niederungen der Forensik. Nehmen Sie das Beispiel eines normativen Schadens beim Haushaltsführungsschaden. Wir tragen richtig vor, wir berechnen richtig, wir nehmen Schulz-Bork/Hoffmann und wir können auch Pardey oder Küppersbusch nehmen und dann kommt dieser berühmte Schriftsatz der Beklagtenseite, den wir alle kennen, da steht 14 Seiten lang bestritten, dass die Frau nicht mehr auf die Leiter klettern kann, dass sie den rechten Arm – die Frau hat eine Plexusläsion, sagen wir mal oder einen nicht erkannten Sudeck, - nicht mehr einsetzen kann – und da wird gesagt, dass sie den Arm nicht mehr betätigen kann, dass sie Gardinen nicht mehr abnehmen kann usw.. Das lesen Sie dann über 15 Seiten und dann lehnt sich das Gericht entspannt zurück und sagt „Ja Herr Rechtsanwalt, da müssen wir evtl. in die Beweisaufnahme gehen, da müssen wir dieses oder jenes noch klären“. Kann sie Treppen hochgehen, kann sie Leitern steigen. Würden Sie mir Recht geben, mein Postulat ist auch maßvolle Anforderungen an die Substantiierungslast im Bereich der Schadensberechnung. Schönen Dank.

Pardey: Vielen Dank für Ihre Frage. Uneingeschränktes Ja von mir. Uneingeschränktes Ja glaube ich von vielen Spezialkammern, aber die Problematik, die Sie eben aufzeigen, die stellt sich ja nicht nur in Spezialspruchkörpern, sondern die stellt sich ja auch bei anderen Spruchkörpern und dafür mag ich heutzutage überhaupt keine Prognose mehr abgeben. Aus meiner sozusagen individuellen Sicht und aus der Sicht, so wie sie der BGH vorzeichnet, finde ich, ist das ja - aber ich bin ja ein Vereinfacher, das wissen ja viele, - relativ einfach, weil es natürlich richtig ist, was Sie sagen und weil es natürlich nicht angeht und auch immer bei mir große Verärgerung herbeiführt, wenn da immer nur alles bestritten wird, aber nicht nur in Arzthaftungsfällen, nicht nur im Schadensrecht, sondern auch, was man weiß, muss man sagen. So, das pflege ich in meinen Verhandlungen zu sagen und das finde ich, steht auch beim BGH, der nennt das dann sekundäre Darlegungslast und dann können wir das noch recht theoretisch untersuchen und dogmatisch auch hinterfragen. So und beim Hausarbeitsschaden ist es aus meiner Sicht relativ einfach und deswegen ist der Mehrbedarfsschaden und deswegen ist Ihr Thema aus meiner Sicht heute so interessant und wir sollten einen Weg, oder Sie oder wir sollten einen Weg finden, vielleicht dahin zu kommen, deshalb brauche ich wieder ein paar Minuten, wenn Sie es mir gestatten. Auch zu den ehrenamtlich Tätigen hätte ich auch noch viel zu sagen, aber jetzt zu diesem Hausarbeitsschaden. Sie müssen natürlich auch meine Kollegen überzeugen, aber ich sitze ja nun nicht hier bei meinen Kollegen, aber ich will das nicht vertiefen. Es ist ein Problem. Bei Schulz-Bork, was Sie zitiert haben, ich will nur nicht Tabelle 8/9, das dauert zu lange, aber das wissen wir ja im Prinzip. Es gibt die Tabelle 1 bei Schulz-Bork, die Tabelle 1 gibt es in der Tat auch bei einem anderen Buch hinten im Anhang. Diese Tabelle 1 hat der BGH eindeutig bestätigt, 1979. Diese Tabelle 1 ist eine Notwendigkeit, erforderliche Notwendigkeit, wir haben die Stichworte 249 vorhin auch für die Pflege gesagt. Und da steht drin, was erforderlich ist. Das haben Untersuchungen ergeben, das haben Bedarfsuntersuchungen ergeben, das ist Tabelle 1. Und für mich ist Tabelle 1 bei Schulz-Bork diese Untersuchung, wegen dieser Grundlage genau das, was ich vorhin für die Pflege versucht habe, zu sagen. Das ist das, was mindestens ist im Verletztenfall, was mindestens erforderlich ist nach objektivierbaren, fast objektiven Kriterien. Nicht nur nach Statistik, die wir als Haftungsrichter nicht wollen und als Verfechter des Individuums ich sie sowieso auch nicht will, haben wir einen Mindeststandard für Haushalte bestimmter Gestaltung. Und das ist das, was Sie für § 287 als Anwälte aus meiner Sicht genau nach den Vorstellungen von 1869, das kennen Junge, müssen haben sollen, dass ein Mindeststandard, den Sie durchsetzen. Also müssen Sie vortragen, das, was Sie auch aus meiner Sicht zutreffend umrissen haben, die ärztliche Frage, die Arbeitsfähigkeit, die Minderung der Hausarbeitsfähigkeit, weil das eine Vorfrage ist. Haftungsfall und dann schadensrechtlich diese Beeinträchtigung der Fähigkeit in concreto, das müssen Sie vortragen. Gut das können Sie, notfalls holen Sie ein paar Gutachten ein, und für den Schadensumfang im solchen. Tabelle 1 Mindeststandard, da ist der Mindestschaden, da ist das, was wir sonst auch immer finden und suchen oder suchen und finden wollen. Gut, für bestimmte typische Situationen, haben wir dann eine Stundenzahl. Und dann nehmen wir einen Geldwert, gut dann streiten wir wieder, bitteschön, ob nun 8 oder 4 oder 7 Euro, den Streit müssen wir austragen, das müssen wir aber aushalten, das können wir, glaube ich, auch. Und dann nehmen Sie halt beim Hausarbeitsschaden 8 Euro pro Stunde und dann haben Sie in dieser Kombination Mindestzeit, Konkretisierung durch die Hausarbeitsfähigkeit, prozentuale Gewichtung und Stundenwert, dann haben Sie den Mindestschaden und das ist das, was § 287 das Gericht verpflichtet, Ihnen dann auch zuzusprechen und wo jetzt der Schädiger, also der Haftpflichtversicherer, mehr vortragen muss, als Sie sagen. Der muss das jetzt sagen, § 252. Da haben wir vielleicht keine Umkehrung der Beweislast, aber da haben wir eine Verschiebung in der Darlegungssituation, jetzt muss der sagen „Nein, bei denen aber nicht, denn gucken Sie sich mal die letzten drei Monate an, da war der Hausmüll sowieso schon so hoch, da kam man gar nicht mehr in die Wohnung rein." Sie gestatten mir Übertreibungen. Ja, das weiß der auch nicht, aber da haben wir dann, das ist ja Darlegungslast, da haben wir dann die Verschiebung, und deswegen rede ich jetzt wieder so schnell, das ist der Ausnahmeanschein und das würde ich vorschlagen, würde ich anregen bei dieser ganzen Problematik der vielen oder ein paar Entscheidungen, die es da gibt. In der aus meiner Sicht Unübersichtlichkeit auch der Berechnung der Nachvollziehbarkeit - so viel können Sie ja gar nicht rechnen und die Eltern auch nicht, - steht dann in den Schreiben zur Beruhigung „Wir müssen die Pflegezeiten nicht mit Stoppuhr messen." Sehr gut, das macht sowieso keiner. Sie müssten also, finde ich, erreichen, sinnvoller weise, dass wir für bestimmte Pflegesituationen, das wäre eine ärztliche Geschichte, für bestimmte Situationen, Behinderungssituationen, bestimmte Bedarfsgruppen haben, soweit das machbar ist. Das ist sozusagen die Tabelle 1 im Pflegerecht oder im Pflegebedarfsrecht im Bereich der vermehrten Bedürfnisse. Für Verletzungsgruppen oder Münchner Tabelle, für Verletzungsgruppen, die konsensfähig sind, ich kann das nicht beurteilen, das müssen die Mediziner machen, dann hätten Sie bestimmte Zeiteinheiten auch, wie ich das eben gesagt habe, Leistungsarten und Leistungshandlung. Also bei einer Querschnittslähmung in bestimmter Situation eine bestimmte Mindestpflegebedarfssituation. So und dann haben Sie sozusagen die Tabelle 1 und das Münchner Modell auf Pflegeschiene und dann haben Sie aus meiner Sicht eine Möglichkeit, wieder so abzurechnen, wie Sie es eben aus meiner Sicht gekennzeichnet haben, § 287 und Sie haben Möglichkeiten, das zu handhaben und wir können dann auch diskutieren im Einzelfall, wie man das verschieben, wie man das verändern muss.

Makiol, Rechtsanwalt, Neuss: Wenn ich das richtig verstanden habe, da bin ich mir nicht ganz sicher, dann müsste es doch eigentlich so sein, wie es vom OLG Dresden einmal entschieden wurde, dass der Freizeitbedarf, den die Eltern aufwenden für die Pflege des Kindes, im Schmerzensgeld wirklich erhöhend wirkt. Das ist für mich bisher die einzige Entscheidung, die ich gesehen habe, wo das ausgesprochen wurde. Ist das richtig oder haben Sie, Herr Pardey, auch schon solche Entscheidungen so begründet?

Jungbecker: OLG Frankfurt hat das mal in Versicherungsrecht 2000 entschieden. Da aber war die Situation so, die Eltern haben das Kind zu Krankenhausaufenthalten begleitet, zu Ärzten begleitet, und da hat das OLG Frankfurt gesagt, das muss ich ehrlich sagen, so ganz verstanden habe ich das nicht, das sei fruchtlose Zeitaufwendung. Fruchtlose, die man anderweitig fruchtbarer für das Kind hätte aufbringen können und dieser fruchtlose Zeitaufwand habe zu einer Störung der Familien, ja der Familienatomsphäre, geführt, die auch den Kläger, das verletzte Kind, belaste. Und deshalb sei das Schmerzensgeld für den Verletzten, also für den Verletzten selbst, hier unmittelbar zu erhöhen. Das betraf jetzt nur diesen Fall, dass die Eltern das Kind überhaupt zu solchen Arztbesuchen begleiten. Ich habe mich gefragt, muss man das, kann man diesen Gedanken nicht oder muss man ihn vielleicht übertragen, ob man das nicht generell auf alle, auf jeden Zeitaufwand, den die Eltern in der Freizeit dem Kind entgegenbringen, ob das nicht insgesamt schmerzensgelderhöhend sein muss. Dafür haben wir, glaube ich, noch keine Entscheidung bisher.

Stegers, Rechtsanwalt, Berlin: Ich möchte zu zwei Punkten kurz was sagen. Bei der Abtrennung. Es ist folgendes. Bei der Frage immaterieller Schaden / materieller Schaden haben wir jetzt die Annäherung von Ihrer Seite her vom materiellen Schaden her bekommen, man könnte ja auch mal umgekehrt die Annäherung aus der Seite des immateriellen Schadens versuchen. Die Crux besteht für uns Juristen halt darin, was übrigens auch ein medizinisches Problem war, oder weiterhin ist, dass wir das Dogma dieser Trennung haben, was die Medizin lange Zeit auch gehabt hat. Sie hat nur auf den Körperschaden geguckt und nicht auf die seelischen Schäden, hat also auch diese Trennung vorgenommen und das hat sich bei uns bürgerlich-rechtlich sozusagen in den Köpfen decardmäßig gewissermaßen festgesetzt. Und nun haben wir dadurch die heute zu diskutierenden Probleme. Bei der Frage, ob etwas materieller oder immaterieller Schaden ist, wenn man sich dann annähert von der immateriellen Seite, dann muss man doch sagen, alles was sozusagen dem Wohlbefinden, der Linderung und dem Schmerzabbau oder der Ablenkung der Befindlichkeit usw. dient, das würde nach unserer Sicht ja wohl in den immateriellen Schaden fallen. Und da gibt es in der Tat dann Überlappungen, wie beispielsweise bei der Ayurveda-Therapie. Da kann man aber doch dann gucken, ob in unserem Rechtskreis derartige Therapieansätze medizinisch notwendig sind oder nicht medizinisch notwendig sind und die Analogie vielleicht ziehen, die beispielsweise das BSG gezogen hat für Fälle gesetzlicher Krankenversicherter, die einen Therapiewunsch hatten und eine Einzelfallentscheidung wollten bei beispielsweise aussichtsloser Krebserkrankung bei Patienten, die mit dem bösartigen Ausdruck mit dem boshaften Ausdruck „austherapiert“ belegt worden sind und dann kommt es da auf die Einzelfallentscheidung an, ob sozusagen die Krankenkasse das übernimmt oder nicht. Daraus eine Analogie zu ziehen, dürfte eigentlich so schwer nicht fallen, wenn man guckt, dass der immaterielle Schaden unter Umständen beispielsweise auch eine Rente zulässt. Dann könnte man ja auch sagen, bestimmte Befindlichkeitsförderungen, die dem Kind zugute kommen oder Menschen zugute kommen, wären dann eben ggf., wenn das eine Dauerleistung ist, die sich womöglich auch verändert, in eine Schmerzensgeldrente zu packen, so dass es im Ergebnis eigentlich völlig gleich ist, ob ich es dahin packe oder ob ich es dahin packe, es muss nur sozusagen ein erforderlicher Schadensausgleich sein. Eine letzte Bemerkung noch zu einem anderen Thema von Ihnen. Herr Pardey, Sie haben eben so beiläufig erwähnt, die 30% Geschichte mit Brutto-Netto und haben rekurriert auf Trägeranteile oder so etwas. Wenn ich mich richtig entsinne, ist die Entscheidung von 1977 des BGH mit dem Brutto-Netto und der 30 %-Praxis, eine Praxis, die sich darauf bezog, dass es dort heißt „ist aus revisionsrechtlicher Sicht nicht zu beanstanden“. Wir wissen aber, wenn wir in unser eigenes Portemonnaie gucken, dass die Brutto-Netto-Differenz heute nicht mehr 30 % ist, sondern leider deutlich da drüber und deshalb stimmt das numerisch nicht mehr, im Ansatz schon noch. Danke schön.

Pardey: 30 %, Sie haben ja völlig recht, das ist sicher so. Außerdem ist das auch danach aus meiner Sicht in der Literatur unzutreffend wiedergegeben und die Gerichte haben es auch nicht uneingeschränkt so umgesetzt, wie es der BGH formuliert hat. Bloß das OLG Stuttgart schreibt im Jahr 2006 für Pflegebereiche, dass wir vielleicht jetzt 35 % abziehen müssen. Es sei ja alles teurer geworden, die Steuern seien erhöht worden und die Sozialversicherungsbeiträge seien erhöht worden und wenn das noch viele andere lesen, wird es noch schlimmer. Also da müssen wir noch mal intensiv darüber nachdenken. Das kann alles so nicht sein, es gibt einen Unterschied zwischen entgeltlicher Dienstleistung. Das hat Generalkosten, das hat betriebswirtschaftliche Kosten, in der Pflege noch viel mehr als im Hauswirtschaftsbereich, und deswegen hat es da Bruttoanteile und mehr steht in der Entscheidung von 1982 nicht drin, deswegen hat das Bruttoanteile, die sich bei familiärer konkreter Schadensabwicklung nicht widerspiegeln, die da nicht drin enthalten sind, die was anderes ausdrücken und deswegen hier nicht her gehören. Und da sind wir uns jedenfalls völlig einig, sehe ich keinen Widerspruch, aber es wird vielfach anders gehandhabt. Das ist das eine. Und das OLG Frankfurt hat, Herr Stegers, aus meiner Sicht genau das getan, was Sie gesagt haben. Wir sind bei den Eltern, die anders gefordert sind, weil ihr Kind behindert ist. Organisation, Pflege, was ich vorhin gesagt habe, oder Therapie oder ein krankes Kind. Ein behindertes Kind braucht mehr Zuwendung, ein behindertes Kind braucht mehr Zuwendung, es wird häufiger krank, diese ganze Problematik. Das können wir auch so alles nicht nach Stunden abrechnen. Das ist genau das, was Sie gesagt haben. Wir haben jetzt eine veränderte Familiensituation. Und das OLG Frankfurt hat aus meiner Sicht treffend, nur hat es außer Ihnen und uns keiner gemerkt, darauf hingewiesen, dass, wir können ja auch den Drittschaden nicht ersetzen, die immaterielle Belastung der Eltern nicht ersetzt wird, obwohl wir das eigentlich vielleicht sollten in solchen Situationen. Aber das wäre ein neues philosophisches und theoretisches Thema, was wir aufmachen. Und da sagt das OLG Frankfurt zutreffend aus meiner Sicht, genau wie Sie es auch sagen, da müssen wir mal darauf achten, dass wir da eine veränderte immaterielle Situation dort haben. Und jetzt komme ich wieder mit meinem behinderten Kind. Das ist glücklich, wenn die Eltern da sind. Und das behinderte Kind ist glücklich, wenn die Eltern mit schwerem Herzen da sind; es wird auch traurig. Das ist genau das, was Sie gesagt haben. Jetzt wenden sich die Eltern dem Kind zu, dafür brauchen sie Zeit. Bloß diese Fixierung auf Zeit, die finde ich, wie Sie gesagt haben, sollten wir relativ betrachten. Relativieren. Wir brauchen tröstende Elemente, das kann ich nicht in Zeit messen. Das eine Kind ist mit fünf Minuten zufrieden und das andere Kind braucht zwei Stunden, das weiß ich doch auch nicht, das weiß auch der Therapeut nicht, der merkt es nur wieder am Lächeln. Gut, also wir haben da in der Tat ganz viele immaterielle Momente, das sind Elemente des Zusammenlebens, das ist die Familie, das ist die Lebensfreude, alles was Sie gesagt haben, unterstreiche ich, und das finde ich, sagt das OLG Frankfurt, was ich ja auch angesprochen habe.

Jungbecker: Herr Pardey, ich muss das noch mal wiederholen. Frankfurt hat sich jetzt wirklich nur beschränkt auf die Situation, dass die Eltern das Kind immer begleiten mussten zu den Fahrten zu den Ärzten. Die Richter haben gesagt, das ist ja fruchtlos, das stört irgendwie das Familienleben. Der allgemeine Aspekt, dass die Eltern sich überhaupt in ihrer Freizeit dem Kind zuwenden und Trost zusprechen, diesen Aspekt ist in dem OLG Frankfurt-Urteil nicht angesprochen worden.

Pardey: Können sie ja auch nicht, weil die sind ja Oberrichter und ich bin ja Laienrichter und der BGH sagt, die Emotionsfaktoren sind nicht ersatzfähig. Das ist ja die Crux davon. Dann steht ja in dieser einen BGH, entscheidet das was wir ja auch diskutiert haben, also die reine Emotionsbelastung der Eltern, die dazu führt, dass die mehr Zeit aufwenden. Dies ist nicht ersatzfähig, steht beim BGH eindeutig drin. Soll das OLG Frankfurt das Gegenteil reinschreiben? Dann müssen Sie erstmal drei Richter finden, die auch der Meinung sind, dass das im Satz so richtig ist. Deswegen sehe ich da in der Tat nur die Ergebnisfixierung auf die Zeit; das ist mir zu mathematisch. Deswegen sage ich ja, ich habe auch in anderen Bereichen noch einen gewissen Widerspruch in mir. Diese Fixierung auf strikte Fakten, die sind mir zu schwierig und deswegen komme ich immer wieder gerne mit dem Lächeln, was natürlich schwierig ist. Es kann keine Fruchtlosigkeit des elterlichen Einsatzes geben. Manche Kinder sind ja froh, wenn sie ihre Eltern nicht sehen, und wenn sie dann behindert werden, da mag ich so nicht diskutieren, nur schwer oder eingeschränkt, und die Eltern die Kinder auch, das soll es auch geben. Und das sind doch unsere Regulierungsschwierigkeiten. 10 Jahre sind die froh, wenn sie mit dem Kind wenig zu tun haben und dann ist das Kind behindert und jetzt wollen sie für 16 Stunden am Tag 12 Euro, weil sie sonst nichts verdienen, das sind doch unsere Probleme. Und das müssen wir doch in den Griff kriegen, und im Vorfeld, gar nicht erst bei uns. Ich habe viele Töpfe aufgemacht und danke Ihnen.

Uphoff: Das wäre dann auch Schikane, nehme ich an.

Schadensausgleich im europäischen Vergleich

Benedikt Buchner

A. Schadensrecht und Rechtsvergleich

Wenn das XIX. Kölner Symposium mit seiner Frage nach „Mängeln im Schadensausgleich" eine tendenziell kritische Einschätzung des deutschen Schadensrechts impliziert, so mag dies angesichts der Unüberschaubarkeit und Uneinheitlichkeit dieses Rechtsgebiets kaum überraschen. Andererseits: Kritik fällt stets leicht. Entscheidend ist, ob diese Kritik auch berechtigt ist. Lässt sich die Komplexität des Schadensrechts vermeiden? Ist überhaupt Raum für einfachere und klarere Lösungen, ohne dass dabei die Einzelfallgerechtigkeit zu sehr in den Hintergrund gerät? Um diese und ähnliche Fragen zu beantworten, bietet sich auch ein Blick über die Grenzen an. Präsentiert das Schadensrecht andernorts überzeugendere Lösungsansätze, die auch für das deutsche Recht Modellcharakter entwickeln können? Können wir also einen echten rechtsvergleichenden Ertrag bei einem Blick über die Grenzen gewinnen?[1] Oder führt uns der Rechtsvergleich zu der Erkenntnis, dass sich das Schadensrecht andernorts ebenso unüberschaubar und uneinheitlich präsentiert, dass es also offensichtlich besser nicht machbar ist? Im letzten Falle käme dem Rechtsvergleich primär eine „tröstende" Funktion zu und sei es hier schon vorweggenommen, dass sich die rechtsvergleichende Erkenntnis vor allem auf eine solche tröstende Funktion beschränken wird.

Dass es auch in anderen Rechtsordnungen nicht *den* einheitlichen Schadensbegriff oder *die* dogmatisch und teleologisch harmonische Lösung gibt,[2] soll im Folgenden anhand von vier klassischen schadensrechtlichen Fragestellungen veranschaulicht werden, wie sie im deutschen Recht ebenso wie auch in anderen Rechtsordnungen immer wieder kontrovers diskutiert werden. Stets geht es bei diesen Fragestellungen um den sog. Perso-

---

1 Siehe Zweigert/Kötz, Einführung in die Rechtsvergleichung, 3. A., 1996, § 2 I (S. 16): Rechtsvergleichung „erweitert und bereichert... den „Vorrat an Lösungen"".

2 Zu diesen Zielen MünchKomm/Oetker, BGB, 5. A., 2007, § 249 Rdnrn. 21 f.

nenschaden, verstanden als ein materieller Schaden, der aus der Verletzung einer bestimmten Person resultiert. Diese Verletzung mag von einem ärztlichen Behandlungsfehler herrühren; dem Grunde nach handelt es sich jedoch bei allen Fallkonstellationen um schadensrechtliche Fragestellungen, die bei jeder Art von schädigendem Ereignis – sei es Behandlungsfehler, Verkehrsunfall, Arbeitsunfall etc. – auftauchen können.

B. Erstes Beispiel: Das Problem der Schadensberechnung beim Erwerbsschaden

Schadensrechtliche Probleme kann sowohl die Frage aufwerfen, ob ein Schadensposten überhaupt ersatzfähig ist, als auch die Frage, wie die Höhe eines bestimmten Schadenspostens konkret zu bemessen ist. Im Falle des Erwerbsschadens ist erstere Frage ohne weiteres zu bejahen. Unstreitig liegt ein ersatzfähiger Schaden vor, wenn der Ausfall oder die Beeinträchtigung der Arbeitskraft einer Person zu einem geminderten Erwerbseinkommen führt. Schwierigkeiten können sich demgegenüber jedoch bei der Berechnung der konkreten Schadenshöhe auftun. Mit der Differenzhypothese besteht hier im Ausgangspunkt zwar an sich ein einfacher und klarer Berechnungsmodus. Verglichen wird der tatsächliche Vermögensstand nach dem schädigenden Ereignis mit dem hypothetischen Vermögenszustand, wie er ohne das schädigende Ereignis bestehen würde, und die Differenz zwischen beiden Zuständen ergibt den zu ersetzenden Schaden. Einfach und klar ist die Differenzhypothese jedoch oftmals nur in ihrer abstrakten Idee. Schwierigkeiten bereitet sie hingegen, wenn es um die konkrete Bezifferung der Vergleichswerte geht, insbesondere wenn wie hier beim Beispiel des Verdienstausfallschadens Vorhersagen für die Zukunft getroffen werden müssen, wenn genau zu beziffern ist, wie viel denn nun eine Person ohne den Unfall und ohne die daraus resultierende Arbeitsunfähigkeit in der Zukunft wohl verdient hätte.

I. Die Ermittlung des Erwerbsschadens im deutschen Recht

Am einfachsten fällt eine solche Prognose des hypothetischen Berufs- und Karriereverlaufs noch im Falle eines normalen Angestellten, der seit jeher ein mehr oder weniger regelmäßiges Erwerbseinkommens erzielt und eine mehr oder weniger durchschnittliche Karriere durchlaufen hat. Wesentlich schwieriger gestaltet sich die Prognose dagegen bereits im Falle eines Selbstständigen, wenn auch solch Unwägbarkeiten wie der künftige Erfolg von dessen Betrieb oder die allgemeine konjunkturelle Entwicklung in irgendeiner Form in die Prognose der hypothetischen Gewinnentwicklung mit einfließen müssen.[3] Gänzlich unmöglich dürfte die konkrete Bezifferung zukünftiger hypothetischer Verdienstmöglichkeiten schließlich im Falle von Jugendlichen, Kindern oder Neugeborenen sein.[4] Je jünger eine geschädigte Person ist, desto aussichtsloser scheint der Versuch, prognostizieren zu wollen, welchen Beruf diese Person ohne das schädigende Ereignis ergriffen hätte, wie erfolgreich sie gewesen wäre und wie viel Geld sie verdient hätte. Dessen ungeachtet versucht die Rechtsprechung jedoch auch hier, den Schein einer objektiven Bestimmbarkeit zu wahren. Als Beispiel sei eine Entscheidung des OLG Frankfurt aus dem Jahr 1987 herangezogen. Konkret hatte das OLG in dieser Entscheidung über den Verdienstausfallschaden eines Kindes zu bestimmen, welches mit 7 Jahren infolge eines Unfalls dauerhaft erwerbsunfähig geworden ist.[5] An sich müsste man eingestehen, dass jede Prognose eines hypothetischen Berufs- und Karrierewegs in einem solchen Fall unvermeidlich spekulativ ist. Nicht so aber das OLG Frankfurt. Das OLG sieht zwar die Schwierigkeiten einer Prognose, meint aber letztlich doch, mittels Rückgriffs auf sog. „Faktoren aus der Umwelt“ den hypothetischen Berufs- und Karriereweg eines 7-jährigen vorhersagen zu können.[6] Der Sache nach sind die Ausführungen des Gerichts dann allerdings doch von überwiegend spekulativer Natur: Entscheidend soll nach Ansicht des OLG der Beruf des Vaters sein, dessen Karriere von der Mittleren Reife bis hin zum Prokuristen nachgezeichnet wird; ein derlei erfolgreicher beruflicher Aufstieg des Vaters führt dann wiederum nach Überzeugung des Gerichts häufig dazu, dass der Vater seinem Sohn einen ähnlichen Weg empfiehlt und der Sohn dieser Empfehlung auch nachkommt. Auch auf den akademischen Erfolg von Mutter und Schwester wird verwiesen, letztlich bleibt das Gericht aber bei seiner Vermutung, dass der Sohn dem Vater nachgeeifert hätte: „Da sein Vater die guten Verdienst- und Berufschancen in dem Beruf eines Versicherungskaufmanns kannte, ist die Vermutung, auch der Kl. hätte diesen Beruf gewählt, so nahe liegend, dass dieser Beruf als der Beruf angesehen

---

3 Vgl. Küppersbusch, Ersatzansprüche bei Personenschaden, 9. A., 2006, Rdnr. 47 ff. und 147 ff.

4 Vgl. dazu etwa aus Schweizer Perspektive Roberto, Schweizerisches Haftpflichtrecht, 2002, Rdnr. 660: „Bereich des Spekulativen“.

5 Ganz ähnlich auch OLG Karlsruhe, Urt. v. 25.11.1988 – 10 U 188/88, VersR 1989, 1101. Für einen Überblick über mögliche Beurteilungsfaktoren siehe auch Pardey, Personenschäden, 2000, Rdnr. 720.

6 OLG Frankfurt a.a.O.

werden kann, den der Kl. ohne den Unfall gewählt und erreicht haben würde."[7]

Das OLG Frankfurt legt im Ergebnis also eine durchaus beachtliche Zuversicht an den Tag, soweit es um die Prognostizierbarkeit der Zukunft eines 7-jährigen geht. Möglich ist diese Zuversicht nur deshalb, weil das OLG letztlich alle Unwägbarkeiten, die der Lebensweg eines 7-jährigen unweigerlich mit sich bringt, mehr oder weniger ausblendet und sich stattdessen auf den Erfahrungssatz eines „Wie der Vater so der Sohn" beschränkt. Ob dies tatsächlich als Grundlage für eine hinreichend sichere Prognose der Zukunft ausreicht, darüber lässt sich zumindest trefflich streiten. Andererseits stellt sich jedoch zugegebenermaßen auch die Frage, ob und wie man die Zukunft differenzierter vorhersagen könnte als es das OLG mit seinem Rückgriff auf die Herkunft und Lebensumwelt eines Kindes gemacht hat, beziehungsweise, wenn dies nicht möglich sein sollte, die Frage, welche Konsequenzen daraus zu ziehen sind.

II. Die Ermittlung des Erwerbsschadens in anderen Rechtsordnungen

Wer sich für die Beantwortung dieser Fragen von einem Blick über die Grenzen hinweg einen zusätzlichen rechtsvergleichenden Erkenntnisgewinn erhofft, wird zunächst einmal enttäuscht werden. Im Ausgangspunkt ist die Problematik überall dieselbe wie hierzulande: Auch in allen anderen europäischen Rechtsordnungen ist die Differenzhypothese Ausgangspunkt der schadensrechtlichen Berechnungen und damit sind zunächst auch einmal all die Folgeprobleme die gleichen. Nirgendwo weiß man so recht, wie man mit der Frage nach den hypothetischen zukünftigen Verdienstmöglichkeiten eines Kindes oder Jugendlichen umgehen soll. Auf den Punkt gebracht wird diese Unsicherheit in einer Entscheidung des House of Lords aus dem Jahr 1980: „*There is really only one certainty: the future will prove the award to be either too high or too low*".[8]

Wie gehen nun andere Rechtsordnungen konkret mit dieser Unsicherheit um? Manche Rechtsordnungen wie etwa die **österreichische** schlagen im Wesentlichen denselben Weg ein wie das deutsche Schadensrecht. Auch das österreichische Recht hält eine Zukunftsprognose grundsätzlich für möglich, auch im österreichischen Recht werden für eine solche Prognose in erster Linie das familiäre Umfeld sowie die bisherige Entwicklung eines

---

7 OLG Frankfurt a.a.O.

8 House of Lords, Lim v. Camden Health Authority [1980] A.C., 174 (183) Rdnr. A.

Kindes oder Jugendlichen als Indizien herangezogen.[9] Lassen diese Indizien beispielsweise im Falle eines Jugendlichen das beabsichtigte Medizinstudium nicht unrealistisch erscheinen, können dann auch die durchschnittlichen Einkünfte eines Mediziners als Bemessungsgrundlage für den Erwerbsschaden zugrunde gelegt werden.[10] Ähnlich geht das **niederländische Recht** vor. Auch hier werden die Gerichte ausgehend vom bisherigen Werdegang eines Jugendlichen abzuschätzen versuchen, wie realistisch die Chancen für die angestrebte berufliche Karriere tatsächlich waren. Ggf. wird dann dem Geschädigten ein Erwerbsschaden auf der Grundlage dieses mutmaßlichen entgangenen Durchschnittsverdienstes zugesprochen.[11]

Anders wiederum das **französische Recht**: Grundsätzlich kommt im französischen Recht die Ersatzfähigkeit eines Schadens nur dann in Betracht, wenn dieser Schaden auch bestimmbar ist.[12] Diese Bestimmbarkeit wiederum wird je nach Alter der geschädigten Person anders beurteilt. Wird jemand im Alter von 20 Jahren verletzt und kann dieser 20-jährige das Gericht hinreichend überzeugen, dass er ohne die Verletzung eines bestimmte berufliche Karriere eingeschlagen hätte, dann würde ihm auch nach französischem Recht ein Anspruch auf Ersatz des Erwerbsschadens zugesprochen.[13] Anders im Falle eines Kindes: Wird etwa ein Kind im Alter von sechs Jahren verletzt, so wird die Ersatzfähigkeit eines Erwerbsschadens überhaupt in Frage gestellt. In einem solchen Fall sei es gerade nicht möglich, die zukünftige Berufskarriere des Geschädigten abzuschätzen. Die Bestimmbarkeit des Schadens könne in einem solchen Fall gerade nicht angenommen werden, womit es aber auch an einer der ganz wesentlichen Voraussetzungen für die Ersatzfähigkeit eines Schadens fehle.[14]

Die Schwierigkeit einer Zukunftsprognose bei einer Verletzung in jungen Jahren erkennt zwar auch das **englische Recht** an. In Reaktion darauf wird jedoch ein Schadensersatzanspruch nicht grundsätzlich abgelehnt, sondern stattdessen vielmehr auf eine mehr oder weniger pauschale Scha-

---

9 Vgl. Koch/Koziol, Schadensersatz für Körperverletzung in Österreich, in Koch/Koziol (Ed.), Compensation for Personal Injury in a Comparative perspective, 2003, S. 27 Rdnr. 90.

10 A.a.O., S. 33 Rdnr. 111.

11 Vgl. Van Boom, Compensation for Personal Injury in The Netherlands, in Koch/Koziol (Ed.), Compensation für Personal Injury in a Comparative Perspective, 2003, S. 229 Rdnr. 62 und S. 235 Rdnr. 87.

12 Radé/Bloch, La Réparation du Dommage Corporel en France, in Koch/Koziol (Ed.), Compensation for Personal Injury in a Comparative Perspective, 2003, S. 118 Rdnr. 32 und S. 141 Rdnr. 85.

13 Vgl. Galand-Carval, Damages under French Law, in Magnus (Ed.), Unification of Tort Law: Damages, 2001, S. 86 Rdnr. 71.

14 A.a.O.

densberechnung zurückgegriffen – in diesem Rahmen dann aber auch wieder mit einer Orientierung am Lebensumfeld des Geschädigten.[15] Ist dieses Lebensumfeld Erfolg versprechend, stammt der Geschädigte also etwa aus einer beruflich erfolgreichen Familie, so soll sich dies auch in einer entsprechend höheren Bemessung der Schadensersatzsumme niederschlagen. Selbst im Falle von Neugeborenen wird so verfahren – konkretes Beispiel ist eine Entscheidung des Court of Appeal aus dem Jahre 1992, in der das Gericht bei einem Geburtsschaden für die Bemessung des Erwerbsschadens das Zweieinhalbfache des Landes-Durchschnittslohns als Bemessungsgrundlage herangezogen hat. Ausschlaggebend für diese großzügige Bemessung war vor allem, dass das Kind ein erfolgversprechendes Lebensumfeld und Elternhaus vorzuweisen hatte.[16]

In **Belgien** sehen die Gerichte im Falle von Kindern und Jugendlichen von vornherein von dem Versuch einer wirklichkeitsgetreuen Bemessung der Höhe des Erwerbsschadens ab und entscheiden stattdessen nach billigem Ermessen.[17] So hat es etwa der Brüsseler Court of Appeal im Falle eines Flugschülers als unbillig abgelehnt, den Erwerbsschaden dieses Schülers auf Basis des Durchschnittsverdienstes eines Piloten zu berechnen. Dem Flugschüler sei lediglich die *Chance* verloren gegangen, eine Karriere als Pilot aufzubauen.[18] Daher könne sein Schaden auch nicht konkret beziffert werden, sondern müsse stattdessen nach billigem Ermessen eingeschätzt werden.[19] Im praktischen Ergebnis führt diese Vorgehensweise dazu, dass die zugesprochenen Schadensersatzsummen in ihrer Höhe regelmäßig niedriger ausfallen als bei der strikten Zugrundelegung eines bestimmten Durchschnittslohn.[20]

---

15 Vgl. Markesinis/Coester/Alpa/Ullstein, Compensation for Personal Injury in English, German and Italian Law, S. 125 f; Garner u.a., Personal injury compensation in England and Wales, in Bona/Mead, Personal injury compensation in Europe, 2003, S. 118 f.

16 Vgl. Cassel v. Riverside Health Authority, [1992] P.I.Q.R. 168.

17 Vgl. Cousy/Droshout, Compensation for Personal Injury in Belgium, in Koch/Koziol, Compensation for Personal Injury in a Comparative Perspective, 2003, S. 68 Rdnr. 69.

18 Sog. „loss of a chance“-Konzept (verlies van een kans/perte d’une chance); siehe dazu de Kezel, Personal injury compensation in Belgium, in Bona/Mead, Personal injury compensation in Europe, 2003, S. 53 f..

19 Nachweise zur Rechtsprechung bei Cousy/Vanderspikken, Damages under Belgian Law, in Magnus (Ed.), Unification of Tort Law: Damages, 2001, S. 44 f.

20 Vgl. de Kezel, Personal injury compensation in Belgium, in Bona/Mead, Personal injury compensation in Europe, 2003, S. 52.

III. Zwischenergebnis

Ein rechtsvergleichender Überblick zeigt, dass die Schwierigkeiten der Bemessung eines Erwerbsschadens insbesondere bei Kindern und Jugendlichen – wenig überraschend – zunächst einmal allerorts die gleichen sind. Teils versucht man auch in anderen Rechtsordnungen wie im deutschen Recht, eine Bestimmbarkeit des Erwerbsschadens durch den Rückgriff auf bestimmte Indizien zu fingieren, teils weicht man – wie etwa im belgischen Recht – auf eine Schadensfestsetzung nach billigem Ermessen aus, teils ist die Konsequenz die, dass – wie im französischen Recht – die Ersatzfähigkeit eines Erwerbsschadens überhaupt in Frage gestellt wird. Vollends zufrieden stellend ist letztlich keine der vorgestellten Alternativen, am wenigsten wohl die, einen Ersatzanspruch überhaupt abzulehnen. Andererseits begegnet jedoch auch der deutsche Weg mit seiner Fiktion einer wirklichkeitsgetreuen Berechenbarkeit begründeten Zweifeln. Es wird hier eine Bestimmbarkeit vorgespiegelt, die so nicht besteht – der Lebensweg eines Kindes ist nicht kalkulierbar, Kinder sind nicht zwangsläufig ein Abbild der Eltern. Vielleicht sollte man diese Nicht-Kalkulierbarkeit doch offen eingestehen und anstelle des Versuchs einer realitätsnahen Zukunftsprognose stattdessen im Falle einer Verletzung von Kindern und Jugendlichen auf eine pauschalierende Berechnung des Erwerbsschadens ausweichen, die nicht für sich in Anspruch nimmt, den hypothetischen Berufs- und Karriereweg eines Kindes oder Jugendlichen vorhersagen zu können. Eine solche allgemein-abstrakte Bezifferung des Erwerbsschadens wäre im Übrigen eine Lösung, die auch noch aus einer ganz anderen Erwägung heraus vorzugswürdig wäre. Wird der hypothetische Erwerbsschaden wie bislang üblich je nach Familie oder sozialer Klasse berechnet, so trägt diese Vorgehensweise gerade im Falle von Kindern durchaus etwas Diskriminierendes in sich. Der Sache nach wird dadurch nichts anderes zum Ausdruck gebracht als die Überzeugung, dass es so etwas wie Chancengleichheit zwischen Kindern aus unterschiedlichen sozialen Schichten offensichtlich nicht gibt. Das mag faktisch zutreffen oder auch nicht, ein rechtliches Wertungskriterium sollte dies jedoch auf keinen Fall darstellen. Auch aus diesem Grunde spricht daher viel dafür, im Falle von Kindern und Jugendlichen von der Fiktion einer konkreten Bezifferbarkeit eines Erwerbsschadens zugunsten einer pauschalisierenden, allgemein-abstrakten Berechnung Abstand zu nehmen.

C. Zweites Beispiel: Ehe und nicht-eheliche Lebensgemeinschaft im Schadensrecht

Auch die umstrittene Frage, inwieweit Ehe und nicht-eheliche Lebensgemeinschaft im Schadensrecht eine Gleichbehandlung erfahren sollen, bietet sich als Gegenstand rechtsvergleichender Untersuchungen an. Konkret soll es hierbei zunächst um den Unterhaltsschaden beim Tode des alleinverdienenden Ehe- bzw. Lebenspartners gehen.

I. Die Differenzierung zwischen Ehe und nicht-ehelicher Lebensgemeinschaft im deutschen Schadensrecht

Ob im Falle des Todes des alleinverdienenden (Ehe- bzw. Lebens-) Partners für die Geltendmachung eines Unterhaltsschadens durch den anderen Partner je nach Form der Partnerschaft differenziert werden soll, wird von Rechtsordnung zu Rechtsordnung unterschiedlich beurteilt. Das deutsche Recht hat sich insoweit eindeutig *für* eine Differenzierung entschieden. Ersatz für die wirtschaftlichen Einbußen und die Versorgungslücken infolge des Todes des anderen Partners kann hier nur im Falle der Ehe verlangt werden. Dem überlebenden Ehepartner steht insoweit gemäß § 844 II BGB ein Ersatzanspruch wegen entgangenen Unterhalts zu, weil gegenüber dem getöteten Ehepartner ein gesetzlicher Unterhaltsanspruch im Sinne dieser Vorschrift bestand.[21] Im Falle der nicht-ehelichen Lebensgemeinschaft besteht hingegen kein Ersatzanspruch, weil es hier eben an einem solchen gesetzlichen Unterhaltsanspruch gegenüber dem getöteten Lebenspartner fehlt.[22]

De lege lata führt an dieser Unterscheidung kein Weg vorbei – egal für wie überzeugend bzw. nicht überzeugend man diese Differenzierung in der heutigen Zeit hält, in der die Ehe als Standard-Beziehungsmodell doch deutlich an Bedeutung eingebüßt hat. Es bleibt dabei, dass § 844 BGB keinen Raum für die Einbeziehung auch des nicht-ehelichen Lebenspartners in den Kreis der Anspruchsberechtigten lässt. Der Wortlaut der Vorschrift ist insoweit eindeutig. Und auch eine Analogie kommt nicht in Betracht, da es gerade der bewusste und eindeutige Wille des Gesetzgebers war, eine

[21] Für die Begründung des ersatzfähigen Erwerbsschadens vgl. BGH, Urt. v. 25.9.1973 – VI ZR 49/72, NJW 1974, 41.

[22] Vgl. OLG Düsseldorf, Urteil vom 12.6.2006 – 1 U 241/05 -.

Schadensersatzberechtigung an ein bestehendes gesetzliches Unterhaltsrecht gegenüber dem Geschädigten zu knüpfen.[23]

II. Die Annäherung zwischen Ehe und nicht-ehelicher Lebensgemeinschaft in anderen Rechtsformen

Bleibt die Frage, ob *de lege ferenda* eine Gleichstellung von Ehe und nicht-ehelicher Lebensgemeinschaft angestrebt werden sollte. Demgegenüber wird dann vor allem eingewandt, dass derjenige, der eine sichere Versorgung gewährleistet haben möchte, in der Ehe bereits das entsprechende „sichere Versorgungsmodell" angeboten findet und dass, wenn er sich nicht für dieses Modell entscheidet, er sich dann eben auch mit den Konsequenzen sprich Unsicherheiten in der Versorgung abzufinden hat. Selbiger Einwand findet sich dann auch bei einem Blick über die Grenzen. So hat etwa auch die **belgische Rechtsprechung** zur nicht-ehelichen Lebensgemeinschaft ausgeführt, dass die Partner sich hier nun mal für eine Beziehung entschieden hätten, die hinsichtlich ihres Bestandes gerade keine Sicherheit bieten könne. Im konkreten Fall wurde es daher auch abgelehnt, die Anspruchstellerin nach dem Tod ihres Partners hinsichtlich ihrer Ansprüche auf Ersatz des Unterhaltsschadens so zu stellen, wie sie im Falle einer Ehe gestanden hätte.[24] Andererseits ist allerdings im belgischen Recht ein Ersatzanspruch nach dem Tod des nicht-ehelichen Partners keineswegs gänzlich ausgeschlossen. Im Gegenteil kann hier auch im Falle einer nicht-ehelichen Lebensgemeinschaft grundsätzlich ein Unterhaltsschaden geltend gemacht werden – vorausgesetzt allerdings, dass überzeugend dargelegt werden kann, dass es sich bei dem nicht-ehelichen Partner um den sog. „Partner fürs Leben" handelt. Die Anforderungen an diesen Nachweis sind dann wiederum sehr hoch und selbst bei einer 12 Jahre andauernden Beziehung noch unerfüllt geblieben. Es gibt andererseits aber durchaus auch Fälle, in denen eine solche „Partnerschaft fürs Leben" erfolgreich nachgewiesen werden konnte und daher auch der nicht-eheliche Lebenspartner Ersatz wegen entgangenen Unterhalts zugesprochen bekommen

23 Vgl. Jahnke, Versorgungsschaden in der nicht-ehelichen Lebensgemeinschaft nach einem Unfall, NZV 2007, 329 (332); anderer Ansicht: Staudinger/Schiemann, BGB 13. neubearbeitete Aufl., 2005, § 252 Rdnr. 53; für eine Übersicht über die Diskussion siehe Huber, Nichteheliche Lebensgemeinschaft – Ersatz nur bei Erfüllung einer gesetzlichen Unterhaltspflicht?, NZV 2007, 1.

24 Siehe die Nachweise bei Cousy/Vanderspikken, Damages under Belgian Law, in Magnus (Ed.), Unification of Tort Law: Damages, 2001, S. 46.

hatte. Zu ergänzen ist allerdings, dass dieser Einsatz regelmäßig geringer ausfällt als im Falle einer Ehe.[25]

In anderen Ländern ist die Gleichstellung von Ehe und nicht-ehelicher Lebensgemeinschaft bereits weiter vorangeschritten. So wird zwar in **England** ebenfalls noch zwischen Ehe und nicht-ehelicher Lebensgemeinschaft differenziert, allerdings reichen hier nach dem Fatal Accidents Act bereits zwei Jahre des Zusammenlebens aus[26], damit im Todesfall auch der nicht-eheliche Lebenspartner einen Anspruch geltend machen kann.[27] Gänzlich ohne Bedeutung ist der Status als Ehepartner oder nicht-ehelicher Lebenspartner beispielsweise in **Frankreich** und in den **Niederlanden**.[28] Auch im Falle der nicht-ehelichen Lebensgemeinschaft kann in diesen Ländern ein Ersatzanspruch wegen entgangenen Unterhalts geltend gemacht werden. Es ist also demnach auf europäischer Ebene durchaus eine gewisse Annäherung von Ehe und nicht-ehelicher Lebensgemeinschaft zu verzeichnen und es wird sich zeigen müssen, ob sich die Unterscheidung zwischen diesen beiden Partnerschaftsmodellen im deutschen Recht tatsächlich auf Dauer so aufrecht erhalten lassen wird – gerade dann, wenn das Modell der nicht-ehelichen Lebensgemeinschaft noch weiter an praktischer Bedeutung gewinnen sollte.

III. Die Differenzierung zwischen Ehe und nicht-ehelicher Lebensgemeinschaft beim Erwerbsschaden des Haushaltsführenden

Die Frage, inwieweit die Ungleichbehandlung von Ehe und nicht-ehelicher Lebensgemeinschaft im deutschen Schadensrecht in Zukunft beibehalten werden sollte, stellt sich auch, wenn es um die Ersatzfähigkeit eines Erwerbsschadens des Haushaltsführenden geht. Auch hier gilt im deutschen Recht – zumindest nach herrschender Meinung –, dass derjenige, der zu Hause unentgeltlich den Haushalt führt und hier verletzungsbedingt ausfällt, einen Erwerbsschaden nur im Falle der Ehe geltend machen kann,

[25] A.a.O.

[26] Vgl. Section 1(3)(ii) Fatal Accidents Act 1976 (mit Änderungen durch den Administration of Justice Act 1982).

[27] Vgl. Giliker/Beckwith, Tort, 2004, Rdnr. 15-048; Rogers, Damages under English Law, in Magnus (Ed.), Unification of Tort Law: Damages, 2001, S. 72 Rdnr. 66.

[28] Vgl. (für Frankreich) Galand-Carval, Damages under French Law, in Magnus (Ed.), Unification of Tort Law: Damages, 2001, S. 86 Rdnr. 73; (für die Niederlande) Wissink/van Boom, Damages under Dutch Law, in Magnus (Ed.), Unification of Tort Law: Damages, 2001, S. 155 Rdnr. 115.

nicht hingegen im Falle der nicht-ehelichen Lebensgemeinschaft.[29] Es wird also wieder zwischen Ehe und nicht-ehelicher Lebensgemeinschaft differenziert, diesmal allerdings nicht, weil diese Differenzierung wieder durch eine eindeutige gesetzliche Regelung wie § 844 II BGB vorgegeben wäre, sondern diesmal offensichtlich deshalb, weil man es aus einer wertenden Betrachtung heraus für geboten hält, an einer solchen Differenzierung festzuhalten. Konkret hält man es für geboten, im Falle der Ehe von der strikten Anwendung der Differenzhypothese eine wertende Ausnahme zu machen und einen Erwerbsschaden des haushaltsführenden Ehegatten zu bejahen, im Falle der nicht-ehelichen Lebensgemeinschaft es dagegen bei der strikten Anwendung der Differenzhypothese zu belassen.

Bei strikter Anwendung der Differenzhypothese wäre an sich zunächst einmal in beiden Fällen, bei Ehe und bei nicht-ehelicher Lebensgemeinschaft, ein Vermögensschaden des Haushaltsführenden zu verneinen, weil dessen Tätigkeit ohnehin unentgeltlich stattfindet und dieser daher auch keinen Verdienstausfall erleiden kann. Gleichwohl ist aber im Falle des haushaltsführenden Ehegatten diesem nach übereinstimmender Meinung ein Anspruch auf Ersatz eines Erwerbsschadens zuzusprechen. Der BGH begründet dies damit, dass es sich bei der Haushaltsführung des Ehegatten trotz Unentgeltlichkeit um eine der Erwerbstätigkeit vergleichbare Arbeitsleistung handelt, weil diese Haushaltstätigkeit in Erfüllung einer gesetzlich geschuldeten Unterhaltsverpflichtung geleistet wird.[30]

Dem nicht-ehelichen Lebenspartner soll demgegenüber nach herrschender Meinung im selben Fall kein Erwerbsschaden zustehen, weil dieser anders als der Ehegatte seine Haushaltstätigkeit eben nicht auf der Grundlage einer gesetzlichen Unterhaltspflicht erbringt, sondern dies vielmehr freiwillig tut.[31] Zitiert sei hier stellvertretend für die herrschende Rechtsprechung und Lehre das OLG Nürnberg mit einer Entscheidung vom Juni 2005: *„Der Verlust der Fähigkeit, Hausarbeiten zu verrichten, ist nur dann ein Erwerbsschaden i.S.d. § 843 Abs. 1 BGB, wenn sie der Erfüllung einer gesetzlichen Unterhaltspflicht dient; die Führung eines Haushalts in einer nichtehelichen Lebensgemeinschaft reicht hierfür nicht aus"*[32] Der

---

29 Vgl. statt aller Küppersbusch, Ersatzansprüche bei Personenschaden, 9. A., 2006, Rdnr. 183 ff.

30 Vgl. BGH, Urt. v. 25.9.1973 – VI ZR 49/72, NJW 1974, 41 (42). Zum Vermögenswert der Arbeitskraft eines haushaltsführenden Ehegatten in anderen Rechtsordnungen siehe die Zusammenfassung bei v. Bar, Gemeineuropäisches Deliktsrecht, Band II, 1999, § 1 Rdnr. 15.

31 Vgl. Küppersbusch, Ersatzansprüche bei Personenschaden, 9. A., 2006, Rdnrn. 42, 180 ff.; a.A. LG Zweibrücken, Urt. v. 15.6.1993 – 3 S 94/93, FamRZ 1994, 955.

32 OLG Nürnberg, Urt. v. 10.6.2005 – 5 U 195/05, VersR 2007, 248 (Leitsatz).

Sache nach wird damit nichts anderes gesagt als dass in der Ehe das Kochen, Putzen und Bügeln gesetzliche Pflicht ist und daher einer Erwerbstätigkeit vergleichbar, in der nicht-ehelichen Lebensgemeinschaft die gleiche Tätigkeit dagegen offenbar allein ein Ausdruck der Fürsorge und Nächstenliebe ist und daher auch der Erwerbstätigkeit nicht vergleichbar sein soll.

Formaljuristisch mag man damit die unterschiedliche Behandlung von Ehe und nichtehelicher Lebensgemeinschaft korrekt begründen können, überzeugend ist diese Differenzierung gleichwohl nicht. Bei wertender Betrachtung – und eben um eine solche wertende Betrachtung geht es im Schadensrecht bei der Einschränkung der Differenzhypothese – ist der Haushaltsführung im Rahmen der Ehe und im Rahmen der nicht-ehelichen Lebensgemeinschaft jeweils der gleiche Stellenwert zuzusprechen. Wirtschaftlich betrachtet handelt es sich bei beiden Formen des Zusammenlebens um dasselbe Wirtschafts- und Arbeitsteilungsmodell. Sowohl bei der Ehe als auch bei der nicht-ehelichen Lebensgemeinschaft teilen sich beide Partner die Arbeit, der eine arbeitet zuhause, der andere auswärts, beide Tätigkeiten sind unverzichtbar und bauen aufeinander auf, beides sind so gesehen geldwerte Aktivposten in der Bilanz des Wirtschafts- und Arbeitsteilungsmodells Ehe bzw. nicht-eheliche Lebensgemeinschaft. Das OLG Nürnberg sieht das allerdings anders, es schlägt in der oben erwähnten Entscheidung den entgegengesetzten Weg ein und vergleicht die nicht-eheliche Lebensgemeinschaft nicht mit der Ehe, sondern stattdessen mit einem Chor und einer Fußballmannschaft: *„Es verhält sich in solchen Fällen ähnlich wie bei sonstigen freiwilligen Betätigungen, wie etwa der Mitwirkung in einem Chor oder in einer Amateurfußballmannschaft“*.[33]

Letztlich bleibt es also dabei: Eheliche und nicht-eheliche Lebensgemeinschaft werden im deutschen Schadensrecht in weitem Umfang ungleich behandelt. Das Institut Ehe soll offensichtlich als das gesetzliche Leitbild des Zusammenlebens eine gewisse Privilegierung erfahren. Man mag dies begrüßen, wenn man die Aufgabe des Rechts vor allem auch darin sieht, im gesellschaftlichen Bereich bestimmte Leitbilder zu formen und durchzusetzen. Durchaus kritisch ist diese Ungleichbehandlung jedoch dann zu sehen, wenn man die Aufgabe des Rechts auch darin sieht, auf gesellschaftliche Entwicklungen und Realitäten zu reagieren, hier konkret auf den Umstand, dass die nicht-eheliche Lebensgemeinschaft eine an Bedeutung immer mehr zunehmende Alternative zum Modell Ehe darstellt. Im europäischen Vergleich ist wie gezeigt durchaus auch die Tendenz zu verzeichnen, Ehe und nicht-eheliche Lebensgemeinschaft schadensrechtlich

[33] OLG Nürnberg, Urt. v. 10.6.2005 – 5 U 195/05, VersR 2007, 248 (249).

gleichzustellen und es wird abzuwarten sein, inwieweit sich hier auch das deutsche Recht über kurz oder lang noch bewegen wird.

D. Drittes Beispiel: Erwerbsschaden im Falle einer sonstigen unentgeltlichen Tätigkeit

Unentgeltlich tätig sind nicht nur die haushaltsführenden Ehe- und Lebenspartner, sondern auch all diejenigen Personen, die sich kirchlich, karitativ oder sonst wie sozial engagieren. Auch bei diesen Personen stellt sich wieder die Frage, inwieweit hier ein ersatzfähiger Erwerbsschaden angenommen werden kann, wenn diese infolge eines Unfalls ihre Arbeit nicht mehr leisten können.

I. Der Benediktiner-Mönch im deutschen Recht

Konkret soll hier als Beispiel aus der deutschen Rechtsprechung der Benediktiner-Mönch herangezogen werden, der seine Arbeit in der Klostergärtnerei und als Kirchenmusiker verrichtet. Auch hier bleibt es nach deutschem Recht wie beim nicht-ehelichen Lebenspartner dabei, dass der Mönch im Falle eines unfallbedingten Arbeitsausfalls keinen Erwerbsschaden geltend machen kann. Dem Mönch wird ebenso wie dem nicht-ehelichen Lebenspartner entgegengehalten, dass er nicht auf gesetzlicher Grundlage zu seiner Arbeit verpflichtet ist, sondern diese lediglich freiwillig in seiner Ordensgemeinschaft leistet. Im Einzelnen begründet das OLG Celle seine Ablehnung eines Erwerbsschadens im Falle des Benediktiner-Mönchs wie folgt:[34] Die Arbeit eines Ordensbruders könne nicht als Erwerbstätigkeit eingestuft werden, der vom Orden gewährte Unterhalt sei gerade keine entgeltliche Gegenleistung im Rechtssinne und die für die Arbeit im ehelichen Haushalt entwickelten Grundsätze seien nicht anwendbar, weil nur der Ehegatte, nicht aber der Ordensbruder von Gesetzes wegen zur Tätigkeit verpflichtet sei.

---

34 Vgl. OLG Celle, Urt. v. 3.12.1987 – 5 U 299/86, NJW 1988, 2618; ablehnend auch Palandt/Heinrichs, Bürgerliches Gesetzbuch, 67. A., 2008, v. § 249 Rdnr. 36; Geigel/Pardey, Haftpflichtprozess, 24. A., 2004, Kap. 4, Rdnr. 80; Gotthardt, Schadensersatz bei Ausfall einer Tätigkeit außerhalb des Erwerbslebens, JuS 1995, 12 (16 f.); a.A. Huber, Verletzungsbedingte Vereitelung unbezahlter Arbeit – niemals Ersatz?, VersR 2007, 1330 (1333).

II. Der Benediktiner-Mönch in anderen Rechtsordnungen

In anderen Rechtsordnungen wird die Frage des Erwerbsschadens durchaus abweichend beurteilt. Im **österreichischen Recht** etwa würde dem Mönch ein Ersatzanspruch zustehen und zwar aus dem ebenso nahe liegenden wie auch überzeugenden Argument, dass die Unentgeltlichkeit der Tätigkeit ansonsten letztendlich zu einer unbilligen Entlastung des Schädigers führen würde, was nicht sein dürfe.[35] Auch in **Belgien** wäre im Falle unseres Benediktiner-Mönchs Schadensersatz zu leisten, weil es nach belgischem Recht anders als nach deutschem Recht nicht erforderlich ist, dass die geleistete Arbeit einer gesetzlichen Verpflichtung entspringt. Auch wenn es an einer solchen gesetzlichen Verpflichtung fehlt, soll der Ausfall einer Arbeitskraft jedenfalls dann ersatzfähig sein, wenn die geleistete Arbeit rechtmäßig und hinreichend kontinuierlich war[36]. Im Beispiel des Ordensbruders, der in der Gärtnerei und als Kirchenmusiker tätig ist, wäre dies ohne weiteres der Fall. In **England, Frankreich** und in den **Niederlanden** wiederum würde unser Mönch ebenso leer ausgehen wie in Deutschland. Stets wird dies damit begründet, dass der Mönch eben nichts verdient hat und ein solcher Verdienst auch nicht normativ konstruiert werden könne. Allerdings wäre in Frankreich jedoch zumindest das Kloster als Drittgeschädigter anspruchsberechtigt.[37]

Im Ergebnis wird also ein ersatzfähiger Erwerbsschaden im Falle unentgeltlicher Tätigkeit teils bejaht, teils aber auch abgelehnt. Das deutsche Recht steht so betrachtet mit seiner ablehnenden Haltung nicht alleine. Die Frage bleibt jedoch, ob diese Ablehnung deshalb überzeugender wird. Zu verneinen ist dies vor allem deshalb, weil kein Grund ersichtlich ist, weshalb ausgerechnet in diesen Konstellationen nicht der grundsätzliche Gedanke eingreifen sollte, dass im Falle der Ablehnung eines Erwerbsschadens es letztlich der Schädiger ist, der hier auf unbillige Art und Weise entlastet werden würde. Man muss sicherlich aufpassen, dass im Falle einer unentgeltlichen Tätigkeit der Kreis der potentiellen Anspruchsberechtigten nicht zu weit gezogen wird. Andererseits ist es aber auch kaum

---

[35] Vgl. Koziol, Damages under Austrian Law, in Magnus (Ed.), Unfifcation of Tort Law: Damages, 2001, S. 22 Rdnr. 81.

[36] Vgl. Cousy/Vanderspikken, Damages under Belgian Law, in Magnus (Ed.), Unification of Tort Law: Damages, 2001, S. 43 Rdnr. 90.

[37] Vgl. (für das englische Recht) Rogers, Damages under English Law, in Magnus (Ed.), Unification of Tort Law: Damages, 2001, S. 71 Rdnr. 63; (für das niederländische Recht) Wissink/van Boom, Damages under Dutch Law, in Magnus (Ed.), Unification of Tort Law: Damages, 2001, S. 155 Rdnr. 111; (für das französische Recht) Galand-Carval, Damages under French Law, in Magnus (Ed.), Unification of Tort Law: Damages, 2001, S. 85 Rdnr. 68 f.

überzeugend, die Personengruppe der sozial, karitativ oder sonst wie unentgeltlich Tätigen von vornherein pauschal und ausnahmslos von einem möglichen Erwerbsschadensersatzanspruch auszuschließen.

E. Viertes Beispiel: „entgangener Genuss“

Im vierten und letzten Beispiel soll es um die Frage gehen, inwieweit auch ein entgangener Genuss als ersatzfähiger Schaden qualifiziert werden kann. Kann ich Schadensersatz verlangen, wenn ich infolge einer Verletzung etwas (Auto, Jagdpachtrecht, Konzertveranstaltung) nicht genießen kann?

I. Wertende Ausnahmen von der Differenzhypothese im deutschen Recht

Auf Grundlage der Differenzhypothese ist bei all den genannten Beispielen ein Schaden an sich klar zu vereinen: Wenn ich eine Genussmöglichkeit im weitesten Sinne erworben habe, diese dann aber infolge einer Verletzung nicht genießen kann, stehe ich dadurch vermögensmäßig nicht schlechter da als ohne das schädigende Ereignis. Die Unkosten für die Genussmöglichkeit habe ich so oder so bereits aufgewendet, beeinträchtigt bin ich lediglich immateriell, weil mir ein bestimmter immaterieller „Genuss“ entgeht. Die deutsche Rechtsprechung belässt es an sich auch – in weitgehender Übereinstimmung mit der Literatur – bei dieser Grundregel und hat daher beispielsweise im Fall eines Hobby-Rennfahrers, der verletzungsbedingt sein Rennauto nicht fahren konnte, ebenso einen Schadensersatzanspruch abgelehnt[38] wie im Falle des verletzungsbedingten Ausfalls der Nutzung eines Jagdpachtrechts.[39]

Gleichwohl werden dann aber doch wieder Ausnahmen diskutiert, insbesondere anhand des Schulbeispiels der verfallenen Konzertkarte. Wenn jemand infolge eines Behandlungsfehlers ans Bett gebunden ist und infolgedessen zwar nicht ein Autorennen oder einen Monat Jagdrecht versäumt, sondern ein Musikkonzert, so soll nach herrschender Meinung für die verfallene Eintrittskarte doch Ersatz geleistet werden, obwohl an sich auch in diesem Fall nach der reinen Differenzhypothese ganz offensichtlich kein Schaden entstanden ist. Wiederum müsste hier an sich gelten, dass die Kosten für den geplanten Konzertgenuss ohnehin schon entstanden sind

---

[38] OLG Hamm, Urt. v. 5.2.1998 – 27 U 161/97, NJW 1998, 2292.

[39] BGH, Urt. v. 15.12.1970 – VI ZR 120/69, BGHZ 55, 146.

und der Ausfall dieses Genusses wiederum kein materieller, sondern ein rein immaterieller Verlust ist. Umso überraschender ist es daher, wenn in der Kommentarliteratur nachzulesen ist, dass beim Konzertbeispiel ein Schaden schon „nach der Differenzhypothese zu bejahen“[40] sei. Das schädigende Ereignis – so die Begründung – entwerte hier den Anspruch auf die Genussmöglichkeit und mindere entsprechend den Wert des Vermögens. Offensichtlich soll es also zumindest in bestimmten Konstellationen doch möglich sein, einen entgangenen Genuss in einen Vermögensschaden umzumünden.

II. Rechtsvergleich

Wirft man auch hier nochmals einen Blick über die Grenzen, so findet sich dort wieder einmal das ganze Spektrum an möglichen Lösungen. Zahlreiche Rechtsordnungen – etwa **Belgien, England** und **Frankreich** – bejahen ebenso wie das deutsche Recht einen Ersatzanspruch im Beispiel der verfallenen Theaterkarten. In anderen Rechtsordnungen ist dies wiederum zweifelhaft, so etwa in **Italien** und in den **Niederlanden**.[41] Das **Schweizer Recht** setzt sich zunächst einmal grundsätzlich kritisch mit allen Ansätzen auseinander, die darauf angelegt sind, die Grenzen der Differenzhypothese aufzuweichen. Letztlich bleibt aber unklar, wie das Schweizer Recht das Beispiel der verfallenen Konzertkarte konkret lösen würde. Rechtsklarheit bietet demgegenüber das **österreichische Recht**[42]: Nach österreichischem Recht ist im Falle einer entgangenen Genussmöglichkeit niemals Raum für eine wertende Einschränkung der Differenzhypothese. Es bleibt vielmehr beim ursprünglichen schadensrechtlichen Ausgangspunkt, also dabei, dass die Unkosten für die Konzertkarte nicht durch den Verletzter verursacht worden sind, sondern dem Verletzten so oder so entstanden sind. Konsequent hält das österreichische Recht daran fest, dass es hier dem Grunde nach um einen *immateriellen* Schaden geht und dieser Schaden deshalb allenfalls im Rahmen eines Schmerzensgeldanspruchs Berücksichtigung finden dürfe.

---

[40] Vgl. Palandt/Heinrichs, Bürgerliches Gesetzbuch, 67. A., 2008, § vor. 249, Rdnr. 35.

[41] Siehe die Übersicht bei Magnus, Comparative Report on the Law of Damages, in Magnus (Ed.), Unification of Tort Law: Damages, 2001, S. 212 Rdnr. 118.

[42] Vgl. Koch/Koziol, Schadensersatz für Körperverletzung in Österreich, in Koch/Koziol (Eds.), Compensation for Personal Injury in a Comparative Perspective, 2003, S. 16 Rdnr. 54.

Letztlich ist der österreichische Ansatz nicht nur der konsequenteste, sondern auch der überzeugendste. Dem Grunde nach geht es bei all den hier angesprochenen Fall-Konstellationen um einen immateriellen Schaden – also nicht nur bei der Jagdpacht und dem Hobby-Rennwagen, sondern auch beim Konzert und jeglichem anderen immateriellen Genuss. Ich als Person bin verletzt worden, ich als Person erleide eine immaterielle Beeinträchtigung, weil ich eine Genussmöglichkeit nicht wahrnehmen kann. Ein materieller Schaden kommt hier nicht in Betracht, dieser käme vielmehr allenfalls in Betracht, wenn eben nicht ich als Person, sondern der Genussgegenstand selbst in Mitleidenschaft gezogen würde. Damit gelangt man allerdings zu einem anderen Streitpunkt, der viel diskutierten „Nutzungsausfallentschädigung", die hier aber als Problem eines *Sachschadens* nicht näher vertieft werden soll.

F. Fazit

Folgende vier Thesen zum Schadensrecht lassen sich abschließend festhalten:

Erstens: Je jünger ein Geschädigter ist, desto schwieriger gestaltet sich die Abschätzung eines künftigen Erwerbsschadens und desto eher bietet es sich stattdessen an, auf eine pauschale Berechnung des Erwerbsschadens auszuweichen. Die Bezifferung eines Erwerbsschadens auf Grundlage von Elternhaus, sozialem Umfeld u.ä. vermag lediglich eine Schein-Berechenbarkeit herzustellen und ist zudem auch deshalb abzulehnen, weil mit dieser Methode ein sehr fragwürdiges weil diskriminierendes Klassendenken einhergeht.

Zweitens: Die Ungleichbehandlung von Ehe und nicht-ehelicher Lebensgemeinschaft im Schadensrecht mag sich zwar mit dem Bedürfnis nach Rechtsklarheit und einer Begrenzung möglicher Schadensersatzansprüche erklären lassen. Der Rechtsvergleich hat jedoch gezeigt, dass es in anderen Rechtsordnungen offensichtlich durchaus machbar ist, den Kreis der Anspruchsberechtigten auf nicht-eheliche Lebenspartner zu erweitern und so den gesellschaftlichen Realitäten mehr Rechnung zu tragen.

Drittens: Es ist nur schwer nachvollziehbar, weshalb das deutsche Schadensrecht im Falle einer auf Dauer angelegten Gemeinschaft wie etwa einer Ordensgemeinschaft einen Erwerbsschaden ablehnt, nur weil der Verletzte seine Dienste in der Gemeinschaft unentgeltlich erbracht hat. Letztlich läuft dies auf eine unbillige Entlastung des Schädigers hinaus.

Und schließlich viertens: Soweit einer Person verletzungsbedingt eine Genussmöglichkeit entgeht, ist und bleibt dies ein *immaterieller* Schaden und zwar unabhängig davon, um welche Art von Genuss es sich im konkreten Fall handelt.

Was ist darüber hinaus das allgemeine rechtsvergleichende Fazit? Zunächst einmal: Rechtsvergleichend zu argumentieren ist eine sehr angenehme Art des Argumentierens – wenn man nur lange genug sucht, dann findet man auch die Rechtsordnung, die der eigenen Wunschlösung entspricht und die damit als argumentative Stütze herangezogen werden kann. Zumindest im Schadensrecht funktioniert dies sehr gut, eben weil die schadensrechtlichen Probleme bislang offensichtlich überall noch einer klaren Lösung harren, diese Probleme offensichtlich nur schwer oder gar nicht eindeutig zu beantworten sind und deshalb auch überall anders beantwortet werden. Damit zeigt der Rechtsvergleich zugleich aber auch, dass das deutsche Schadensrecht zumindest nicht überdurchschnittlich viele Unwägbarkeiten und Widersprüchlichkeiten im internationalen Vergleich aufweist. Womit wir zu guter Letzt bei der schon eingangs erwähnten tröstenden Funktion wären, die ein Rechtsvergleich eben auch bieten kann.

2. Diskussion

Uphoff: Vielen Dank Herr Prof. Buchner. Kurze Anschlussfrage: Gibt es denn in europäischen Auslagen die von Herrn Pardey vorgeschlagenen diskutierten Pflegebedarfsgruppen? Also gibt es da Maßstäbe, Vorgaben, Standards, die es einem erleichtern, Pflegemehrbedarf, Pflegebedarf zu berechnen?

Buchner: Da müsste ich jetzt in den Büchern nachschauen, das kann ich Ihnen leider so nicht sagen. Ich habe mich jetzt auf diese vier Fragestellungen konzentriert, da muss ich leider passen.

Uphoff: Herr Pardey, Sie haben es angesprochen mit den Pflegebedarfsgruppen. Sehen Sie denn nicht aus Ihrer Sicht dann den Widerspruch, wenn man Pflegebedarfsgruppen, so war glaube ich Ihre Formulierung, etabliert, dass das der Individualität des Pflegemehrbedarfs widerspricht, also ich sage mal, der Querschnitterkrankte Herr Müller ist eben möglicherweise nicht genauso zu pflegen wie der Querschnitterkrankte Herr Maier? Also sprich, ist individuelle Pflege überhaupt standardisierbar, auch unter dem Gesichtspunkt normativer Schadensbegriff?

Pardey: Ich glaube nicht, dass individueller Pflegestandard standardisierbar ist. Ich sehe trotzdem keinen Widerspruch. Vielleicht schon der Widerspruch, weil ich das anders verstehe als Sie es eben in dieser Differenzierung aufgemacht haben. Das, was ich mit den Bedarfsgruppen meine, soll in der Tat nur, so wie Sie es auch vorher nachgefragt haben, eine praktische Erleichterung sein. Es soll der erste Angriff, das erste Hilfsmittel sein, um zu sagen, ich habe hier bestimmte Erfahrungswerte im Pauschalen und so was wollen wir ja im Prinzip schadensrechtlich in der Tat nicht. Und abstrakte Schadenssätze wollen wir erst recht nicht. Und Statistik wollen wir auch nicht, wie wir vorhin schon gesagt haben, jedenfalls wollte es Herr Dr. Steffen nicht und die Jugend macht es ja doch, aber schadensrechtlich wollen wir es eigentlich nicht, aus guten Gründen. Wir brauchen aber § 287 tatrichterlich. Die praktische Sichtweise brauchen wir, die Darlegungsproblematik müssen wir irgendwie lösen, wie es der eine Kollege heute Morgen auch angesprochen hat und da finde ich, ist allein mein Ansatz. Mehr soll es nicht sein. Ich habe bestimmte Erfahrungswerte, ich habe bestimmte Erfahrungsgrößen, die präsentiere ich in dieser Form oder in diesen Gedanken, in diesen Zusammenhängen, wie es im Münchner Modell in gewisser Weise ja auch geschieht, wie es die Unfallversicherungsträger mit ihren Katalogen wohl auch machen, aber ich will mich da nicht auf Einzelheiten festlegen, das wissen andere von Ihnen dreitausendmal besser als ich. Und jetzt verändere ich nur die Darlegungslage. Derjenige, der sich auf diese noch nicht vorhandene Bedarfstabelle beruft, hat sozusagen eine weitere Darlegungserleichterung, der braucht nur zu sagen, ich weise nach, dass sozusagen die Eingruppierungsmerkmale in diese Bedarfsgruppe gegeben sind, dann habe ich diese Zahl als Erfahrungswert, als sozusagen richterlichen oder praktischen Erfahrungswert. Und wenn jetzt der Versicherer sagt, nein, diese Voraussetzungen sind nicht gegeben, dann gilt die sekundäre Beweislast, dann muss er sozusagen den Gegenbeweis dafür erbringen. So will ich nur genau die Problematik, die Sie in den anderen Bereichen ja auch geschildert haben, versuchen, praktisch über § 287 diese tatsächlichen Probleme in den Griff zu kriegen, einzuschränken, zu begrenzen; und am Grundsatz nichts ändern. Also das Individuum bleibt bei mir Individuum, aber ich muss mich ja vortasten, ich muss mir ja irgendwie in all diesen Unklarheiten relative Gewissheit verschaffen können. Mehr meine ich nicht.

Hausch, Württ. Gemeindeversicherung: Ich habe eine Frage an Herrn Prof. Buchner wegen des fiktiven Verdienstausfalls. Möglicherweise mache ich einen Denkfehler, aber dann können Sie mich ja richtig stellen. Nehmen wir einen Vergleichsfall: Jemand hat ein hohes Gehalt und könnte sich einen Mercedes leisten. Er hat sich nur einen Golf gekauft. Der Golf wird ihm von einem anderen kaputtgefahren. Könnte er dann argumentieren, ich bekomme aber Ersatz für den Mercedes, denn ich hätte mir einen Mercedes leisten können. Jetzt habe ich den Mönch, der arbeitet unentgeltlich. Jetzt argumentiert der, ja ich kriege zwar kein Geld, ich habe in dem Sinne keinen Schaden, also die Differenz zwischen Mercedes und Golf, aber ich hätte ja einen Verdienst haben können. Der Gedankengang wäre meiner Meinung nach vielleicht ein bisschen entsprechend, denn wirtschaftlich haben wir bei demjenigen, der nicht arbeitet, keinen finanziellen Nachteil. Nach der Differenzhypothese hat er keinen Euro weniger im Geldbeutel. Trotzdem bekommt er einen Ausgleich, der meiner Meinung nach gerechterweise eher seinem Dienstherrn, also dem Kloster zustehen würde, aber dann hätten wir dann einen unmittelbar Geschädigten, also irgendwie ist die Argumentation von Ihnen für mich noch nicht so ganz schlüssig oder nachvollziehbar.

Buchner: Ich bin nicht sicher, ob ich Sie in letzter Konsequenz richtig verstanden habe. Also ich meine natürlich jetzt wenn ich argumentiere in dem Sinne, wenn ich sage, es ist für mich nicht nachvollziehbar, dass der Mönch kein Geld bekommt, dann bin ich natürlich schon im Bereich der Argumentation. Also im Prinzip ist dann natürlich die ganze Tür aufgemacht, um irgendwelche Argumente, die man selber für gerecht oder unter anderen Gesichtspunkten für gerecht findet, heranzuziehen. Ich meine, beim Mönch, kann man auch den Vergleich mit der Ehe anstellen. Es gibt ebenso die verschiedensten Modelle des Zusammenlebens, also die Ehe, die nichteheliche Lebensgemeinschaft aber auch die Ordensgemeinschaft. Also gerade beim Mönch finde ich eigentlich, ist es für mich einfach nicht nachvollziehbar, genauso wie bei der nichtehelichen Lebensgemeinschaft, wieso soll das nicht gleich behandelt werden? Wir machen ja auch diese wertende Einschränkung und diese wertende Differenzhypothese. Das hilft uns natürlich, da kommen wir dann mit der besagten Caritasfrau. Damit kommen wir dann nicht weiter, weil die Caritas ja keine Gemeinschaft ist, so wie die eheliche Gemeinschaft. Es gibt dann auch die Vorschläge, dass man eben sagt, na gut, immer wenn eben eine Gegenleistung irgendwie im Raum steht, also wenn eine Caritasmitarbeiterin eben dann doch eine halbe Stelle in gewisser Weise bekleidet, aber sie macht es unentgeltlich, dass man dann eben auch sagt, ja gut, also immer, wenn wir dieses Austauschmodell haben, also Arbeit gegen unentgeltliche Vergütung. Bei der Caritasfrau muss ich korrigieren, da wäre es schon schwierig, da hätte ich dann auch mehr Probleme, es zu begründen. Beim Mönch habe ich kein Problem. Gut, ich habe bewusst die ganzen Sachschäden rausgelassen, also da können wir uns auch verlieren, in dieser Problematik, also wieso ja, wenn das Rennauto kaputt ist, hatte ich ja vorgeschlagen, dann es Geld geben, und wenn ich kaputt bin und das Rennauto ganz ist, soll es kein Geld geben, obwohl ich in beiden Fällen nicht mit dem Rennauto fahren kann, ja warum nicht? Gut, weil ich einfach finde, man muss eine ganz klare Trennung ziehen, weil wir uns sonst verlieren. Wenn wir jetzt sagen, einmal haben wir einen Personenschaden, einmal einen Sachschaden, dann führt das zu anderen Lösungen. Also würde ich sagen, wenn Sie mich auf die Caritasmitarbeiterin ansprechen, dann komme ich mehr in Argumentationsnot, aber zumindest, wenn es so eine Gemeinschaft ist, wo dann ja doch durch die Gemeinschaft alles aufgefangen wird, alle negativen Konsequenzen, eben auch bei der nichtehelichen Lebensgemeinschaft, bei der Klostergemeinschaft dann auch, also dann finde ich schon, dass es dann angebracht ist, hier auch wertend Abstand zu nehmen von der Differenzhypothese.

Schabram, Rechtsanwalt, Freiburg: Ich habe noch eine Anmerkung zur Pflegemehrbedarfsberechnung. Wenn wir in der sozialen Pflegeversicherung feststellen wollen, ob jemand 250 oder 350 Euro pro Leid beanspruchen kann, dann wird das durch ein Sachverständigengutachten ermittelt. Und ich weiß natürlich, die richterliche Schätzungs- und Ermessensmöglichkeit durchaus angemessen zu würdigen, trotzdem ist natürlich die Frage, wenn wir da um den Mehrbedarf diskutieren, also ob jemand 3.000 oder 4.000 Euro im Monat für Pflegemehrbedarf in der häuslichen Pflege bekommen kann, dass wir sagen, das machen wir alles im Rahmen der richterlichen Schätzung. Da muss nur substantiiert vorgetragen sein, halte ich für problematisch. Ich denke, dass da die Richter auch mal überlegen sollten, auch mal zu sagen, da hole ich mir auch jemanden, der was davon versteht, wie man pflegt, was man an Pflege braucht. Und da kann man, glaube ich, nicht nur so sagen, das ist halt nicht substantiiert vorgetragen von der einen Seite oder wie der Kollege Teipel zu Recht anmerkt, vielleicht auch bis an die Grenzen der Sittenwidrigkeit bestritten worden von der Versichertenseite.

Uphoff: Ich denke, das ist eine Frage auch noch mal an Herrn Pardey. Letztendlich dreht es sich ja wirklich um den Kernpunkt, kann sich der Tatrichter durch sein Ermessen über möglicherweise gutachterliche Stellungnahmen zum Pflegemehrbedarf hinwegsetzen? Kann er den Sowiesoaufwand höher ansetzen mit dem Hinweis, seine Kinder würden immer 24 Stunden Pflege bedürfen oder muss er sich an ein Kinderpflegegutachten halten, was von wem auch immer vorgetragen wird oder muss er von Amts wegen sogar ein weiteres einholen?

Pardey: Also dass er sich über das Gutachten hinwegsetzen kann, finde ich in der Formulierung ein bisschen problematisch. Und ich würde das natürlich nicht wollen, aber er muss es doch. Ich habe wahrscheinlich einen anderen Gedankengang. Der Richter ist aufgerufen zu entscheiden. Ich durfte mal in Riga sein, und da haben mir die Richter gesagt, wer entscheidet eigentlich über die Höhe des Schadens. Diese Frage haben sie mir gestellt. Bei ihnen sei das so, das machen die Versicherer. Und ich war wie vor den Kopf geschlagen. Mein ganzes System geht damit verloren. Dass das faktisch so ist, habe ich ja gar kein Problem. Aber wenn wir eine Rechtsprechung haben und, ich muss das Ihnen ja nicht verdeutlichen, es geht um die Kriterien des § 287 ZPO, und die Kriterien des § 287 ZPO hat der Richter nach Überzeugung auszufüllen und dafür braucht er Erfahrung, da braucht er Wissen und er braucht das nötige Wissen und das nötige Wissen um das, was der Kollege eben gesagt hat, die Pflege zu beurteilen hat er nach meinem Dafürhalten nicht und mich stört genauso wie Sie, dass dann in der Entscheidung plötzlich steht, der Senat hat schon viele Fälle gemacht und Kraft seiner Lebenserfahrung und richterlicher Erfahrung und was Sie gerade gesagt haben mit mein Kind und 24 Stunden und die Kollegen waren auch schon immer, ja Vorsitzender beim Erwerbsschaden, wie das Kammergericht das mal geschrieben hat, das stört mich auch alles, das steht ja nicht in § 287 ZPO. Aber das ist vielleicht die Hilflosigkeit, wenn man Worte auf Papier bringen muss oder wenn ich hier sprechen muss, wie man das hier als Richter dann so tut. Also entscheiden tun das natürlich die Richter getragen von Sachkunde und die Sachkunde muss ihnen vermittelt werden. Nur auch Sachverständige haben vielleicht begrenzte Einschätzungsmöglichkeiten und begrenzte Sachkunde. Auch die Sachverständigen müssen wissen, um was es geht und die Sachverständigen müssen eben wissen, also auch die Pflegegutachter und die Hausarbeitswissenschaftler oder Hauswissenschaftler, all die müssen wissen, dass wir juristisch andere Kategorien haben und das ist ja genau die Problematik, die wir eben auch gehört haben. Es kommt darauf an, was ich abrechne als Pflege und wenn ich Pflege juristisch schadensrechtlich anders abrechne, als ich es im Bereich der Pflegeversicherung mache, dann habe ich da eine Crux und das muss ich dem Sachverständigen erstmal sagen. Als Richter muss ich das sagen und da müssen wir uns erstmal darauf einigen und dann müsste ich den Anforderungskatalog für das Gutachten aufmachen oder der klägerische Anwalt bzw. Beklagtenanwalt muss das machen, wir müssen es gemeinsam machen und das ist die Problematik, die ich dabei sehe. Aber das sind wie gesagt im Prinzip aus meiner Sicht schlicht und einfach alles tatsächliche Fragen und Fragen der Kommunikation. Natürlich geht es um das, was nötig ist, das, was erforderlich ist für diesen Menschen. Deswegen sehe ich diesen Widerspruch, den ich eben aus den Worten gehört habe, den sehe ich eigentlich gar nicht, sondern ich sehe, dass die Ansätze da ein bisschen mehr aufeinander abgestimmt werden müssen als sie tatsächlich abgestimmt werden.

Uphoff: Sieht es denn beim LG Braunschweig in Ihrer Kammer derart aus, dass wenn eine der Parteien beantragt, die Person zuhause mal vier bis fünf Stunden zu besuchen, dass Sie dann Augenschein einnehmen und sich die Pflegesituation vor Ort mal anschauen?

Pardey: Es sind natürlich – wie von Ihnen nicht anders zu erwarten – sehr gut gestellte Fragen, ich würde es natürlich nicht tun, das haben Sie schon bei Ihrer Fragestellung und ich meine auch aus anderen Entscheidungen zu lesen, insbesondere auch vom OLG Hamm zu lesen und das ist auch für richtig zu halten. Dieser Ausschnitt der Wahrnehmung kann ja nicht der richtige sein, denn ich verlange ja natürlich gerade Erfahrung und Sachkunde und diese Erfahrung habe ich nicht, wenn ich mir das Kind mal vier Stunden angucke. Wenn ich es eine Stunde sehe, aber wie in vielen anderen Bereichen auch, das ist überhaupt die Frage, wie verschaffe ich mir als Richter Klarheit über tatsächliche Vorgänge und das kann ich hier nicht. Bei Unfällen ist es ganz einfach. Da gehe ich im Sommer dahin, wo abends im Dunkeln der Unfall stattgefunden hat. Das kennen wir ja auch, das kann es ja alles nicht sein. Nein, ich brauche Sachkunde, ich brauche Einschätzungsmöglichkeiten und kann mich letztlich nur wiederholen, und die habe ich als Richter nicht und die hat der Sachverständige. Aber gestatten Sie mir noch eines, weil Sie das mit dem Mercedes und mit dem Golf gesagt haben, das sehe ich ganz anders mit dem Mönch und mit der Caritas gibt es auch noch viel zu sagen, aber ich muss natürlich die Dinge immer da so behandeln, wie sie sind, und der Pflegebedarf ist der Pflegebedarf und den kennt keiner und den müssen wir ermitteln und da muss ich mir als Richter Überzeugung verschaffen. Der Sachverständige, der heute das Wertgutachten im Sachschadensbereich erstellt, der weiß es immer sofort und Herr Uphoff, und wie machen wir es, wenn wir mal selber ein Problem haben? Dann gucken wir ins Internet und in fünf Minuten haben wir auch einen Wert. Ob das der richtige ist, das weiß der Sachverständige bei Gebrauchtmöbeln auch nicht. Also ich sehe da auch Problematiken, Sachverständiger ist Sachverständiger und alles ist relativ und das müssen wir abstecken, das müssen wir untersuchen, alle gemeinsam. Aus meiner Sicht weiß ich es nicht und die anderen wissen es auch nicht und wir suchen die Lösung.

Mayer, Rechtsanwalt, Berlin: Ich wollte noch eine klarstellende Bemerkung machen. Der nicht mercedesfahrende Mönch ist nicht dadurch geschädigt, dass sein Golf beschädigt wurde, weil wir uns da im Bereich des hypothetischen Schadens bewegen und der wird sehr begrenzt von der Rechtsprechung im Vermögensbereich nur anerkannt und zwar im Kommerzialisierungsgedanken. Der karitativ arbeitende Mönch ist konkret geschädigt, weil er seine konkrete Arbeit, die er ausüben möchte, nicht mehr ausüben kann. Das ist ein konkreter Verlust, eine konkrete Einbuße an Aktivität, die er sonst entfaltet hätte. Und vor dem Hintergrund von Art. 3 GG wäre auch mal theoretisch zu problematisieren, was Arbeit für einen Wert hat. Ob der Wert von Arbeit nur im Einkommen liegt oder vor dem Hintergrund einer doch sehr ausgeweiteten 1-Euro-Tätigkeit vieler Bevölkerungskreise, ob Arbeit ein Wert an sich ist. Und das ist große Frage, die wir verfassungsrechtlich entscheiden müssen und dann kommen wir vielleicht auch zu einem anderen Schadensbegriff.

Pardey: Wir haben ja auch teilweise versucht dies anzugehen. Die Fragestellung ist doch relativ einfach. Gestatten Sie mir auch diesen Ausflug noch. Wenn Sie die Banken fragen, sagen die, die Arbeitsfähigkeit ist hoch und die finanzieren Ihnen das Haus auch dann, wenn Sie nur potentiell später vielleicht mal arbeitsfähig sein könnten. Schon kriegen Sie den Kredit, das ist ja die Problematik in den USA mit dem Immobilienmarkt. Wir haben für unsere Erwerbsschäden, die wir da zu bearbeiten haben das Problem, was wir da gehört haben und wie es vorgetragen worden ist. Die Arbeitsfähigkeit als solche hat auch aus meiner Sicht keinen Vermögenswert. Das ist immateriell, das ist das, was Sie auch gesagt haben. Wenn ich nicht mehr arbeiten kann, bin ich immateriell beeinträchtigt, immateriell gestört, dafür kriege ich Schmerzensgeld. Sonst müssen Sie auch bei den Geburtsschäden den Kindern schon Geld für die verminderten Heiratsaussichten oder die ausgeschlossenen Heiratsaussichten zahlen. Denn das Kind kann später nicht heiraten, es kommt nicht in die Versorgerschiene, es kommt nicht in die Haushaltsführungsschiene, es hat genau diese Problematik nicht. Also deswegen müssten sie allein dafür schon was zahlen, das wollen wir ja wohl alle nicht. Obwohl natürlich vom Wertgedanken her ist das eine Frage. Daher will ich ja auch die Arbeitskraft so weit als möglich wieder herstellen. Das ist das eine. Also Sie brauchen vermögenswerte Schienen, so wie wir das gehört haben. Die vermögenswerte Schiene bei dem Mönch, wenn ich das jetzt richtig in der Fallkonstellation mitbekommen habe, oder jetzt behalten habe, der Mönch, der im Garten arbeitet und Gartenarbeit macht, wenn das sein eigener Garten wäre, dann wären wir sofort einer Meinung, denn der Garten für mich, ja gut und wenn jetzt die Ersatzkraft kommt und die Ersatzkraft mäht den Rasen für 8 Euro die Stunde. Jetzt kommt es wieder darauf an, der Rasen muss zweimal im Jahr gemäht werden, dann soundsoviel Stunden mal acht Euro, fertig. Genau, wir sind einer Meinung. Der Rasen wird aber jede Woche gemäht, dann haben wir ein Problem, und das würde ich ins Immaterielle schieben. Der Mönch macht das wohl für die Gemeinschaft und nicht für sich selbst und da sehe ich den Unterschied und da sehe ich dann die Nähe zur Caritas. Das ist der Drittschaden und deswegen darf ich das. Ich habe mal so einen Aufsatz geschrieben und da kam ich in diesem Aufsatz auf diese vielleicht manchen überraschende Idee, warum nehmen wir in solchen Fällen nicht § 845 BGB. Da bin ich gar nicht richtig beschimpft worden, aber jeder Dogmatiker sagt, wie kann der bloß auf diese Idee kommen, denn §845 ist eigentlich eine überholte Idee, aber sie war eine Vorstellung früher, dass wir da eine Situation hatten, genau wie Sie die eben angesprochen haben. Wir hatten da Arbeitswerte, wir hatten da Wertigkeiten von Arbeit, wir hatten nur eine Vermögensbelastung bei anderen, das typische Beispiel natürlich auch bei der Hausfrau für ihren Mann, aber da reden wir lieber nicht drüber, wegen der Gleichberechtigung, wir hatten also das Kind, das verletzt oder getötet war, und unterhaltsrechtlich sozusagen verpflichtet war, das zu tun und den Vermögensschaden haben die Eltern und deswegen sind die nach § 845, deswegen sind die Eltern ersatzberechtigt. Und diese Fälle der Caritas, die Mönchsdinge, die Sie aufgemacht haben, sind aus meiner Sicht, also unsere Vorväter wussten das ja nicht besser, die kannten sowas so ja nicht. Wir haben so was heute und nach meiner Vorstellung ist es dasselbe. Und deswegen gehört in diesen Fällen, die Sie eben gebildet haben, auch in Ihrem Fall mit dem LG Karlsruhe, das Geld dahin, wo die Arbeit hingeflossen ist. Auch in Ihrem Fall mit dem Mönch. Die Arbeit ist in dem Mönchsfall der Gemeinschaft zugute gekommen. In dem vorliegenden Fall ist auch die Arbeit dem Verein zugute gekommen, also muss der Ersatzwert, das vermögenswerte, das was da an Vermögenswert geleistet worden ist, auch dahin kommen, wo der wirtschaftliche Nachteil ist. Und das ist wieder der Verein. Wie man das macht, da gibt es nun dogmatisch verschiedene Möglichkeiten. § 845 nicht, das will ja keiner, den kann man nicht mehr analog anwenden, den kann man nur noch abschaffen. Aber wir kennen Drittschadensliquidationen und warum kennen wir nicht in solchen Fällen die Drittschadensliquidation im Personenschadensbereich, um genau die Problematik, die Sie alle aufgemacht haben, auffangen zu können, um dann, wenn wir dann eine werthaltige Arbeit sehen und einen vermögenswerten Nachteil haben, also beim Verein eine Lücke haben, bei der Gemeinschaft eine Lücke haben, in dieser Wertkonglomeration dann auch schadensrechtlich auch zu einem Ergebnis kommen zu können.

Jungbecker: Vielleicht noch eine kurze Ergänzung dazu. Das hat sicher was für sich, dieser Gedanke, dass das Geld nicht dem unentgeltlich Tätigen, sondern der Caritas dann zugute kommt. Wenn das so wäre, dann hätten wir nicht mehr das Problem in dem Rahmen, in dem ich das vorhin erörtert habe in meinem Vortrag, dass es um die Abgrenzung materieller und immaterieller Schaden geht, sondern dann wäre es von vornherein ein materieller Schaden, dann brauchen wir gar nicht mehr zu diskutieren. Noch eine Anmerkung zum Kollegen Mayer. Wenn Sie, wenn ich das richtig verstanden habe, die Arbeitskraft als solche verfassungsrechtlich aufwerten, führt das, glaube ich, nicht weiter, denn das Persönlichkeitsrecht haben wir ja in Art. 2 geschützt. Und wann immer ein Schaden der Persönlichkeitssphäre zuzuordnen ist, ist er kein Vermögensschaden. Das heißt, eine verfassungsrechtliche Verankerung, ein verfassungsrechtlicher Schutz eines Rechtsguts alleine, hat gar keinen Einfluss auf die Frage, ist jetzt ein Schaden immateriell oder materiell zuzuordnen.

Wagner, Rechtsanwältin, Koblenz: Ich habe keine Frage, sondern ich wollte einmal einen Gedanken einbringen, der mir gekommen ist im Rahmen der Diskussion. Und zwar Stichwort „nichteheliche Lebensgemeinschaft". Wir haben ja ab Januar 2008 das Unterhaltsgesetz reformiert und wir haben dort eine Gleichstellung oder eine größere Gleichstellung von nichtehelicher Lebensgemeinschaft und Ehe und zwar nicht, wenn keine Kinder vorhanden aber in dem Falle, wenn Kinder vorhanden sind. Nicht nur gegenüber dem Kind, sondern ja auch gegenüber der nichtehelichen Mutter und man müsste eigentlich mit dieser Überlegung auch heute besser argumentieren können, dass die Unterhaltsverpflichtung nicht nur in die eine Richtung gehen kann. Der Vater, meistens ist es ja der Vater, muss den Unterhalt zahlen für die nichteheliche Mutter und das Kind, und, falls sie zusammenleben auch umgekehrt, die Mutter leistet den Unterhaltsbeitrag. Ich könnte mir vorstellen, dass auf dem Boden dieser Unterhaltsrechtsreform und der veränderten Gedankenwelt, die ja auch dahinter steht, die ja auch vom Bundesverfassungsgericht gekommen ist, dass wir da auch eine neue Argumentationskette haben werden in diesem Gebiet zum Haushaltsführungsschaden. Danke.

Entwicklung der Schadenaufwendungen im Heilwesenrisiko

Michael Petry

Die Betriebs-Haftpflichtversicherung wird zunehmend zu einem Problem. Dabei macht weniger die ständige Steigerung der Schadenfrequenz sondern der steile Anstieg des Schadenaufwandes bei den schweren Personenschäden zunehmend Sorge. Dies soll anhand der Zahlen, die der Ecclesia-Gruppe aus dem Krankenhausbereich vorliegen, gezeigt werden.

Die Ecclesia-Gruppe betreut über 900 Betriebshaftpflichtpolicen deutscher Krankenhäuser bei unterschiedlichen Versicherern. Diese melden uns derzeit pro Jahr rund 8.500 neue Heilwesenschäden. Seit etwa 13 Jahren analysieren wir diese Schaden hinsichtlich einer ganzen Reihe von Fragestellungen und erfassen dies strukturiert in einer Datenbank. So fragen wir z.B. nach der Disziplin, den betroffenen Berufsgruppen, dem Zeitpunkt des Schadens, den Ursachen und Schadenfolgen. Inzwischen umfasst diese Datenbank ca. 85.000 Datensätze, die uns Auswertungen in jeglicher Hinsicht ermöglicht.

A. Allgemeine Entwicklung der Arzthaftungsschäden von Krankenhäusern

So lässt sich z.B. erkennen, dass sich die Eingangszahlen der uns gemeldeten Arzthaftungsschäden von 1982 bis 2006 von 538 auf jetzt 8454 stetig erhöht haben. Auch wenn dabei zu berücksichtigen ist, dass ein wesentlicher Teil der Steigerungen auf Kundengewinne im Laufe der Jahre zurückzuführen sind, wird doch die Tendenz zu einer ständigen Steigerung der Schadenfrequenz deutlich.

Von den Mitte 2007 registrierten 82.961 Schäden entfallen allein 30248 auf das Fach Chirurgie. Dies hat natürlich etwas mit der Anzahl der durchgeführten Behandlungen zu tun, aber auch mit der Tatsache, dass Komplikationen bei den schneidenden Fächern naturgemäß häufig besser und schneller erkannt werden.

Es folgt die Anästhesie mit 11.052 Schäden, wobei es sich dabei zum Großteil um Zahnschäden im Zusammenhang mit der Intubation handelt, dann die Innere Medizin, die Gynäkologie/Geburtshilfe und die Orthopädie.

Fragt man dagegen nach dem Schadenaufwand, ändert sich das Bild. Obwohl die Gynäkologie/Geburtshilfe weniger wie ein Drittel der Schäden der Chirurgie meldet, führt sie die Reihenfolge mit Abstand mit einem Gesamtschadenaufwand in Höhe von rund 374 Mio. € an. Danach folgen Chirurgie, Innere Medizin und Orthopädie. An dieser Stelle ist schon auf die Bedeutung der Großschäden für die Gesamtsituation im Bereich der Betriebshaftpflichtversicherung von Krankenhäusern hinzuweisen, denn der Anteil von Großschäden in der Geburtshilfe ist naturgemäß gegenüber den anderen Disziplinen prozentual deutlich erhöht.

B. Ergebnisse aus einer Langzeituntersuchung von 140 Akutkrankenhäusern

Deutlicher wird die Entwicklung dann wenn man die Ergebnisse einer Langzeituntersuchung seit 1987 anschaut. Hierfür werten wir zwei Kollektive von Krankenhäusern seit vielen Jahren aus. Im ersten Kollektiv sind rund 140 Akutkrankenhäuser enthalten, deren Gemeinsamkeit ist, dass sie seit mindesten 1987 durchgehend von der Ecclesia-Gruppe betreut werden und wir somit über diesen Zeitraum Kenntnisse über Prämien, Betten, Disziplinen, Anzahl der Behandlungsfälle und natürlich die Schäden besitzen. Im zweiten Kollektiv befinden sich 247 Krankenhäuser, die seit mindestens 1996 in Betreuung sind und entsprechend ausgewertet werden.

Bei den folgenden Ausführungen handelt es sich um Erkenntnisse aus den Auswertungen dieser Kollektive.

I. Verteilung zwischen den Disziplinen beim Gesamtschadenaufwand verändert sich

Zunächst wird deutlich, dass der bei einer Langzeitbetrachtung im Zeitraum 1987 bis 2006 sich die Verteilung des Gesamtschadenaufwandes zwischen den Disziplinen prozentual verändert hat. Dies gilt für die Chirurgie, aber insbesondere auch für die Innere Medizin. Der Anteil beider Disziplinen am Gesamtschadenaufwand hat deutlich zugenommen. Bei letzterer dürfte die Ursache darin zu suchen sein, dass die Innere Medizin in Teilbereichen sehr viel mehr invasive Behandlungen durchführt.

II. Zahl der Anspruchstellungen steigt kontinuierlich

Bei der Schadenauswertung dieses festen Kollektivs von Krankenhäusern wird nunmehr deutlich, wie stark die Zahl der Anspruchsstellungen im Zeitraum zwischen 1987 und heute gestiegen ist. Wurden im Jahr 1987 für die rund 140 Krankenhäuser 235 Arzthaftungsschäden gemeldet, stiegen die Meldungen in den nächsten Jahren kontinuierlich an und haben sich in den letzten Jahren auf sehr hohem Niveau bei etwa 1600 Schadenersatzansprüchen pro Jahr stabilisiert.

III. Einfluss der Großschäden auf den Gesamtschadenverlauf nimmt dramatisch zu

Von entscheidender Bedeutung für die Entwicklung der Schadenaufwendungen im Heilwesenrisiko ist aber nicht die steigende Zahl von Anspruchsanmeldungen. So hat sich der prozentuale Anteil der begründeten Ansprüche über den gesamten Zeitraum nicht verändert und liegt weiterhin konstant bei etwa einem Drittel der Ansprüche. Entscheidend ist der immer bedeutender werdende Anteil der Großschäden und sein immer größer werdender Anteil am Gesamtschadenaufwand.

Dies soll am Schadenverlauf der Jahre 1987 bis 1992 deutlich gemacht werden. Dieser Zeitraum wurde ausgewählt, da der Großteil der Schäden inzwischen angewickelt wurden bzw. jedenfalls die Frage nach der Haftung dem Grunde nach geklärt ist. Dabei ergibt sich folgendes Bild:

Aufwand 1987-1992 - Anteil Großschäden

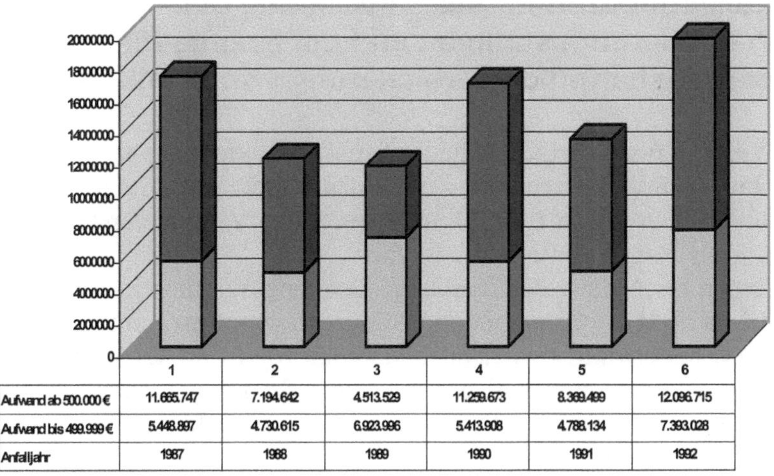

	1	2	3	4	5	6
Aufwand ab 500.000 €	11.665.747	7.194.642	4.513.529	11.259.673	8.369.499	12.096.715
Aufwand bis 499.999 €	5.448.897	4.730.615	6.923.996	5.413.908	4.788.134	7.393.028
Anfalljahr	1987	1988	1989	1990	1991	1992

Jahr

Der Gesamtschadenaufwand für diese 5 Jahre pendelte zwischen 4,51 Mio. € und 12,1 Mio. €, es gibt also starke Ausschläge in einzelnen Jahren. Dabei wurden für die Schäden mit einem Aufwand bis 499.999 € Aufwände zwischen 4,73 Mio. € und 7,39 Mio. € registriert. Der Anteil war also im wesentlichen konstant. Dagegen schwankt der Gesamtaufwand für Schäden mit einem Aufwand größer 500.000 € zwischen 4,51 Mio. € und 12,1 Mio. €. Unschwer zu erkennen ist, dass der Aufwand dieser Großschäden letztlich eindeutig den Gesamtschadenaufwand für die Jahre bestimmt.

Diese Bedeutung zeigt sich auch wenn man den Anteil dieser Großschäden an der Gesamtstückzahl und dem Gesamtaufwand betrachtet. Dabei ergeben sich folgende Anteile:

Jahr	Stückzahl	Aufwand
1987	0,524 %	68,16 %
1988	0,257 %	60,33 %
1989	0,226 %	39,46 %
1990	0,468 %	67,53 %
1991	0,301 %	63,60 %
1992	0,259 %	62,06 %

Daraus folgt: Deutlich weniger als 1 % aller Schäden sind für rund zwei Drittel des Gesamtschadenaufwandes verantwortlich. Dabei nimmt der prozentuale Anteil an der Stückzahl ab während der Anteil am Aufwand über die Jahre konstant bleibt. Ursache ist, dass die immer weniger werdenden Großschäden immer teurer werden.

C. Konsequenzen für die Entwicklung der Versicherungssummen und der Prämie für die Betriebshaftpflichtversicherung von Krankenhäusern

Die Versicherungswirtschaft hat auf diese Entwicklung über die Jahre in verschiedener Weise reagiert. Zum einen wurden die in der Betriebshaftpflichtversicherung zur Verfügung gestellten Versicherungssummen für den Einzelschaden kontinuierlich erhöht.

Wurden bis Anfang der 70er Jahre Deckungssummen zwischen 500.000 und 1 Mio. DM vereinbart, stiegen die Versicherungssummen 1 Mio. bis 3 Mio. DM bis etwa Mitte der 80er Jahre an. Bis Mitte der 90er Jahre stelle die Versicherungswirtschaft etwa 5 Mio. DM für den Einzelschaden zur Verfügung. Heute werden Deckungssummen zwischen 5 Mio. € bis zu 20 Mio. € vereinbart.

Die geschilderte Entwicklung hatte aber naturgemäß auch erhebliche Auswirkungen auf die Versicherungsprämien für die Betriebshaftpflichtversicherung von Krankenhäusern. Betrachtet man die Entwicklung der Versicherungsprämie je Bett für die 140 von uns schon lange beobachteten Krankenhäuser, wird dies deutlich.

Im Jahre 1987 betrug die durchschnittliche Bettenprämie 111 € je Bett. Die Prämie stieg dann bis zum Jahr 1995 kontinuierlich bis auf 359 € an. Im Jahr 2006 musste von den Krankenhäusern im Durchschnitt eine Prämie von 521 € gezahlt werden mit weiterer Tendenz nach oben.

Eine entsprechende Entwicklung ist bei der Berufshaftpflichtversicherung von Ärzten zu verzeichnen. Besonders betroffen von Prämiensteigerungen sind die schneidenden Fächer und insbesondere die Gynäkologie/Geburtshilfe. Gynäkologische Belegärzte mit Geburtshilfe müssen heute mit Prämien von 10.000 € und mehr pro Jahr rechnen.

Die Gründe für diesen Anstieg sind offensichtlich. Eigentliche Ursache ist die dramatisch gestiegenen Schadenbelastung. Dieser erhöhte Schadenbedarf muss über höhere Prämien refinanziert werden. Als weitere Ursache sind aber auch die veränderten Marktverhältnisse zu nennen. Bedeutende Versicherungsunternehmen, die früher Krankenhäuser versichert haben, haben sich aus diesem Segment zurückgezogen, da sie erhebliche Verluste zu verzeichnen hatten und keine Chance sahen, die aus ihrer Sicht erforderlichen Prämien am Markt durchzusetzen. Dies gilt zum Beispiel für die A+M Versicherung, die AXA, die Gothaer-Versicherung und der Geling-Konzern, um nur einige zu nennen. Das hat die Zahl der Anbieter derartiger Versicherungen deutlich reduziert. Die Folge engerer Märkte sind steigende Preise.

D. Gründe für den höheren Schadenbedarf

Fragt man nach den Gründen für den so deutlich gestiegenen Schadenbedarf, so sind nach meiner Auffassung folgende Punkte besonders zu beachten:

I. Gerade bei den Schwerstschäden wurden die Schmerzensgeldbeträge massiv angehoben

Die Rechtsprechung hat die Schmerzensgeldbeträge im Laufe der Jahre deutlich angehoben. Wurden anfangs lediglich symbolische Beträge zugesprochen, führte die Unfähigkeit des Menschen, seine Situation wahrzunehmen, später zu keiner Kürzung der Beträge. Der folgenden Auflistung ist die Entwicklung zu entnehmen.

90.000 DM 46.016 €	OLG Nürnberg 4 U 2819/91 – 15.04.1992 Geburt: 15.08.1982	Schwerer Hirnschaden, primäres Wahrnehmungsvermögen unbeeinträchtigt, keine Fähigkeit, diese Reize bewusst aufzunehmen und zu verarbeiten, Empfinden eines Neugeborenen, Krämpfe, mit 6.5 Jahren verstorben
150.000 DM 76.693 €	BGH VI ZR 214/91 – 14.07.1992	Kernikterus (Schädigung der Ganglienzellen im Stammhirn, die zu schweren und irreversiblen Beeinträchtigungen insbesondere zu einer choreoathetotischen Bewegungsstörung, zu Taubheit und Strabismus[Schielen] führte)
200.000 DM 102.258 €	OLG Oldenburg 5 U 25/91 – 03.12.1991 Geburt: 18.01.1981	Gehirnschädigung, Mikrozephalus / Hirnatrophie, psychomotorische Entwicklungsretardierung mit zerebralen Bewegungsstörungen, zerebralen Krampfanfällen sowie Strabismus convergens alternans. Der Sachverständige sprach von den schwersten aller denkbaren Gesundheitsschäden und einer "Vita minima".
200.000 DM 102.258 €	OLG München 24 U 645/90 – 06.08.1993 Geburt: 30.05.1981	schwere Gehirnschädigung, nicht behebbaren Gehirnschädigung, verbunden mit zerebralen Bewegungsstörungen sowie einer Zungenlähmung, Gesichtlähmung).
240.000 DM 122.710 €	OLG Hamm 3 U 65/92 – 01.02.1993 Geburt: 06.11.1985	Schwere Epilepsie, auch nachts Anfälle, kann sich nicht selbst im Bett umdrehen, schwerste spastische Zerebralparese und schwere geistige Entwicklungsretardierung. Ständig Pflegebedürftig, Kind empfindungsfähig
300.000 DM 153.387,57 €	OLG Stuttgart 14 U 83/01 – 11.06.2002 Geburt: 13.11.1994	Hypoxische Hirnschädigung, ischämisch-hypoxische Enzephalopathie

230.000 € monatliche Rente 360 €	OLG Brandenburg 1 U 7/02 – 09.10.2002 Geburt: 11.06.1992	Geschädigter kann Umwelt wahrnehmen und empfinden sowie Gefühle durch Lachen und Weinen äußern, ist im übrigen ans Bett gefesselt, erleidet Krämpfe, keine koordinierte Bewegung möglich, starke Kontrakturstellung von Armen und Beinen, keine Sehfähigkeit, nur Unterscheidung von hell und dunkel, keine Sprache, keine Fähigkeit zu schlucken, Ernährung über Magensonde, schon verwirklichte Gefahr von Lungenabszessen durch Erbrechen und falsch verschluckten Speichels. Die Fähigkeiten zur Wahrnehmung führten nicht zur Senkung des Schmerzensgeldes.
500.000 €	OLG Hamm 3 U 122/02 – 21.05.2003 Geburt: 28.09.1997	Schwerste hypoxischischämische Enzephalopathie, Muskeltonusstörung, Ernährungsstörungen nach erosiver Gastritis, zerebrale Krampfanfälle.
500.000 €	OLG Köln 5 U 130/01 – 20.12.2006	Schwere hypoxische Hirnschädigung, sekundäre Microzephalie, schwere tetraspastische dystone Bewegungsstörungen, keine Fähigkeit zur aktiven Kommunikation, keine Fortbewegungsfähigkeit, Epilepsiesyndrom bei weiterhin pathologischem EEG

II. Lebenserwartung der betroffenen Personen

Der ungeheure Fortschritt führt dazu, dass wir auch schwerstgeschädigte Menschen am Leben halten und im Leben halten können. Ob dies immer zum Nutzen der betroffenen Menschen geschieht, soll an dieser Stelle nicht diskutiert werden. Folge ist jedenfalls, dass alle Prognosen über die Lebenserwartung von schwerst geschädigten Menschen sich als falsch erwiesen haben. Diese Fehleinschätzung der vergangenen Jahre führt heute dazu, dass verstärkt Schäden aus den 80er Jahren heute zu sogenannten Überlimitschäden werden, also zu Schäden, bei denen die damals vereinbarte Versicherungssumme zur Begleichung des Schadens nicht ausreicht. Folge davon ist, dass Krankenhäuser und Ärzte die über die Deckungssumme hinausgehenden Beträge aus heutigen Erträgen zahlen müssen mit entsprechend negativen Folgen für die Ertragslage.

Die Frage der Lebenserwartung ist neben der Höhe der einzelnen Schadenpositionen der entscheidende Faktor für die Höhe der gesamten Schadenaufwendungen. Dies mag folgendes Beispiel verdeutlichen:

Bei einer angenommenen Lebenserwartung von 30 Jahren ist unter Berücksichtigung der folgenden Schadenpositionen von einem Gesamtschadenbedarf von 2.964.905 € auszugehen. Dieser Betrag setzt sich zusammen wie folgt:

Schmerzensgeld	500.000,-- €
Hausumbau/Kfz u. a.	150.000,-- €
Krankenkasse	50.000,-- €
Materieller Pflegeaufwand (150,-- € pro Monat)	31.795,-- €
Personeller Pflegeaufwand (10.000,-- € pro Monat, kapitalisiert mit 17,884)	2.119.680,-- €
Erwerbsschaden (2.500,-- € pro Monat,	113.430,-- €

Unterstellt man nunmehr lediglich eine 10 Jahre längere Lebenserwartung erhöht sich bei gleichbleibenden Einzelpositionen der Gesamtschadenbedarf bereits auf 3.352.754,-- €.

Bedenkt man nun, dass aufgrund der enormen Fortschritte in der Medizin selbst schwerstgeschädigte Menschen gute Chancen einer normalen Lebenserwartung zu haben, kann man ermessen, wie bedeutsam gerade dieser Faktor für die Entwicklung des Gesamtschadenbedarfs ist.

III. Überproportional steigender Schadenaufwand im Falle der häuslichen Betreuung schwerstgeschädigter Menschen

Besondere Sorgen macht die enorme Steigerung der Schadenkosten bei der häuslichen Betreuung Schwerstgeschädigter. Während vor 15 Jahren die stationären Fälle die teuersten Fälle waren, sind es heute die Ambulanten. Auch dies mag ein Beispiel aus unserer aktuellen Schadenbearbeitung verdeutlichen.

Auch in diesem Fall handelt es sich um einen Geburtsschaden. Das Kind ist geistig wie körperlich schwer behindert und zumindest teilweise beatmungspflichtig. Die Haftung dem Grunde nach steht fest. Das Kind wird von der Mutter und angestellten Pflegekräften zu Hause gepflegt. Die zuständige Krankenkasse leistet u.a. häusliche Krankenhilfe in Höhe von 12.000 € monatlich. Ferner werden von der Mutter des Kindes rund 6.000 € schadenbedingter Pflegeaufwand gerichtlich geltend gemacht. Geht man hier von einer normalen Lebenserwartung des Kindes aus, muss der zuständige Versicherer bzw. das betroffene Krankenhaus mit folgenden Schadenpositionen rechnen:

Schmerzensgeld (schon ausgeurteilt)	500.000 €
Hausumbau/Kfz u. a.	150.000 €
Krankenkasse	
- Behandlungskosten	25.000 €
- Ambulante Krankenhilfe (12.000 € pro Monat, Kapitalisiert mit 23,811, ab 3 Jahre, 4 %	3.428.784 €
Materieller Pflegeaufwand (125,-- € pro Monat)	35.716 €
Pflegeaufwand (6.000,-- € pro Monat)	1.714.392 €
Erwerbsschaden (2.000,-- € pro Monat, ab 21 Jahre, 18.784)	450.816 €

Der Gesamtschadenbedarf beläuft sich demnach auf 6.304.708 €. Selbst bei einer Bettenprämie von 1000 € verbraucht demnach ein derartiger Großschaden bei einer Klinik mit 1000 Betten das fünf- bis sechsfache der Jahresprämie. Dabei sind weder weitere Schäden, noch Kosten oder gar die Gewinnerwartung des Versicherers mit einberechnet. Bei einem normalen Akutkrankenhaus mit 350 Betten geht es um das 18fache einer Jahresprämie.

Das Beispiel zeigt, dass die Großschäden im Heilwesenbereich heute Größenordnungen erreichen, die die Versicherbarkeit des Heilwesenrisikos insgesamt in Frage stellen. Selbst weitere erhebliche Prämiensteigerungen unterstellt bleibt offen, ob die Versicherungswirtschaft in der Lage ist, dieses Risiko zu stemmen. Allerdings sind weitere massive Prämiensteigerungen von den Krankenhäusern in wirtschaftlich ohnehin sehr schwieriger Lage, kaum zu bewältigen. Bei einem Personalkostenanteil von etwa 70 % bedarf es keiner Phantasie, in welchem Bereich Einsparungen erfolgen werden, um die steigenden Prämien auszugleichen. Kaum ein sinnvoller Beitrag zur Patientensicherheit.

IV. Keine rechtliche Möglichkeit, den Schadenaufwand auf ein angemessenes Maß zu beschränken

Im Gegensatz zu anderen Branchen haben Ärzte und Krankenhäuser im Bereich der Personenschäden keinerlei rechtlichen Möglichkeiten, ihre Haftung zu beschränken. Die Rechtsprechung des Bundesgerichtshofes akzeptiert weder eine Haftungsbeschränkung der Höhe nach, noch eine Beschränkung auf Vorsatz und grobe Fahrlässigkeit.[1]

[1] OLG Köln, Urt. v. 9.11.1988 – 27 77/88, Versr 1989, S. 372.

Auch eine Begrenzung des Schadens durch Berücksichtigung von Mitverschulden oder der Verweis auf die Schadenminderungspflicht bleibt bisher regelmäßig erfolglos.[2]

E. Möglichkeiten der Schadenbegrenzung?

I. Klinisches Risikomanagement

Krankenhäuser und Ärzte müssen in noch größerem Umfang Risikomanagement betreiben, um Schäden möglichst zu vermindern und zumindest die Schadenfrequenz nicht weiter ansteigen zu lassen.

Dabei soll unter Risiko-Management die Gesamtheit aller Maßnahmen eines Unternehmens verstanden werden, mit denen Gefahren einer Erfolgsminderung identifiziert werden. Dabei betrachtet das klinische Risikomanagement Strukturen, Prozesse und Ergebnisse der medizinischen und pflegerischen Versorgung im Blickwinkel früherer Schäden, beobachtet und verändert Schwachstellen, die zu Patientenschäden und Haftpflichtansprüchen führen können. Es widmet sich besonders den normativ geprägten Prozessen der Organisation, der medizinischen und pflegerischen Dokumentation sowie der Information des Patienten und der Kommunikation mit ihm, u.a. im Rahmen der erforderlichen Patientenaufklärung vor invasiven und interventionellen ärztlichen Maßnahmen.

Der Risikomanagementprozess besteht dabei aus vier Elementen, nämlich der initialen Risikoidentifizierung, der Risikobewertung und der Planung der Risikobewältigung und schließlich der Risikoüberwachung.

Die Identifizierung von Risiken setzt Risikobewusstsein und diesbezügliche Sensibilität der Akteure voraus. Im Bereich von medizinischer Versorgung und Krankenpflege muss man sich die Frage stellen, wie sicher die Behandlungs- und Pflegemaßnahmen wirklich sind. Beispielsweise muss sich der Anästhesist fragen, ob er bei der Vorbereitung zur Intubatiosnarkose in jedem Fall den Zahnstatus prüft und über die Risiken von Zahnschäden aufklärt; das geburtshilfliche Team, ob es jederzeit, tags wie nachts und auch am Wochenende, ohne Zeitverzögerung eine Kaiserschnitt-Entbindung durchführen kann.

Im Rahmen der Risikobewertung werden die zuvor festgestellten Risiken klassifiziert. Das Ausmaß eines Risikos ergibt sich aus der Wahrscheinlichkeit des Wiedereintritts des unerwünschten Ereignisses und der Höhe des damit verbundenen Schadens. Beispielsweise hat ein Zahnschaden bei der Intubation trotz der Häufigkeit seines Vorkommens eine gerin-

[2] BGH, Urt. v. 8.4.2003 – VI ZR 265/02, VersR 2003, 1126.

gere Bedeutung als eine Komplikation bei einer Notfall-Kaiserschnittentbindung. Bei der Risikobewertung geht es auch um die Beziehung zwischen Einzelrisiken, etwa zwischen dem Risiko der Entstehung eines Dekubitalgeschwüres und dem Risiko unzureichender Wundbehandlung.

Nach Durchführung der drei dargestellten Schritte sind die Risiken bekannt, analysiert, klassifiziert, und es sind Schritte unternommen, sie auszuschalten oder zu mindern. Es folgt die Phase der Risikoüberwachung mit Hilfe geeigneter Prüfparameter. Hierzu müssen Richtlinien und Instrumente zur Verfügung gestellt werden. Im Rahmen laufender Kontrollen ist die Wirksamkeit der Präventivmaßnahmen zu überprüfen, und falls erforderlich sind Modifikationen vorzunehmen.

Eine mögliche Maßnahme ist z.B. die regelmäßige Durchführung von Mortalitäts- und Morbiditätskonferenzen, um durch die Fall-Analysen Abweichungen zu erkennen und möglichst zu korrigieren. Ein besonders geeignetes Instrument stellt in diesem Zusammenhang ein Critical Incident Reporting System (CIRS) dar. Damit haben die Mitarbeiter die Möglichkeit Zwischenfälle und sogenannte Beinaheschäden zu melden, um dem Haus zu ermöglichen, die Mängel im organisatorischen Bereich, die vielfach für Zwischenfälle und Beinaheschäden verantwortlich zu machen sind, in interdisziplinären Teams zu erörtern und zur Grundlage von Prozessanpassungen zu machen.

Viele Krankenhäuser haben inzwischen begonnen entsprechende Systeme aufzubauen. Diese Entwicklung muss verstärkt und in größerer Breite weiter gehen. Nur durch die Reduzierung von Schadenfällen insgesamt wird es möglich sein auch die Anzahl der Großschäden zu reduzieren.

II. Muss (darf) Medizin alles machen, wozu sie technisch in der Lage ist?

Ein gewiss sehr heikles Thema. Aber die Fortschritte in der Medizin sind so enorm und werden in immer kürzeren zeitlichen Abschnitten realisiert, dass die Frage gestellt werden muss, ob die Medizin wirklich immer alles machen muss wozu sie technisch in der Lage ist. Ich meine nein!

Auch hierzu ein konkreter Fall aus unserer Schadenbearbeitung. Auch hier geht es um einen Geburtsschaden. Aufgrund von Komplikationen war das Neugeborene längere Zeit ohne Sauerstoff, es atmete nicht mehr. Aufgrund der medizinischen Entwicklung sind wir allerdings heute in der Lage, fast jeden Menschen in jeder Situation zu reanimieren. So auch hier geschehen. Das Kind hat schwerste körperliche und geistige Schäden, muss ständig beatmet werden. In der Kinderklinik werden die Eltern dann aufgefordert ihre Zustimmung zur Abschaltung der Apparate zu geben. Dieser Fall hat mich sehr betroffen gemacht. Als Vater von drei gesunden Kindern kann ich nur erahnen, wie sich diese Eltern gefühlt haben müssen. Deshalb muss die Frage früher oder später erlaubt sein, ab welchem Zeitpunkt die medizinische Entwicklung eher Rückschritt als Fortschritt ist.

III. Möglichkeiten, den Umfang des zu leistenden Schadenersatzes zu beschränken?

Ein weiteres heikles Thema. Dennoch muss die Frage erlaubt sein, ob im Falle einer Schädigung durch einen ärztlichen Fehler sämtliche Ansprüche durch Ärzte bzw. Krankenhäuser zu ersetzen sind. Hat der geschädigte Patient Anspruch auf jegliche Therapie, sei deren Erfolg noch so ungewiss? Muss in unbeschränkter Höhe für eine häusliche Betreuung eingestanden werden, selbst wenn aufgrund der schwersten Schäden die Pflege in einer stationären Einrichtung deutlich kostengünstiger wäre. Erinnert sei an das bereits dargestellte Schadenbeispiel. Natürlich ist im Falle der Notwendigkeit einer Betreuung rund um die Uhr dies in einer stationären Einrichtung kostengünstiger darzustellen, da das Betreuungspersonal sich um mehrere Menschen gleichzeitig kümmern kann.

Die Rechtsprechung hat derartige Überlegungen bisher immer zurückgewiesen. Der Geschädigte habe Anspruch auf den bestmöglichen Ausgleich seiner Schäden und damit auch auf persönliche Pflege im häuslichen Umfeld. Zweifelsohne gewichtige Argumente.

Anderseits ist nicht zu verkennen, dass die Schadenentwicklung und die damit verbundene Entwicklung der Kosten für die Haftpflichtversicherungen zum Rückzug von Krankenhäusern aus bestimmten Disziplinen führt. So haben einige Kliniken die Geburtshilfe bereits aufgegeben, weil die Risikokosten für diese Hochrisikodisziplin wirtschaftlich nicht mehr tragbar waren. Niedergelassene Ärzte führen bestimmte besonders risikobehaftete Behandlungen nicht mehr durch. In anderen Krankenhäusern werden höhere Versicherungskosten über Einsparungen der Personalkosten ausgeglichen. Sicherlich kein Beitrag zur Patientensicherheit.

Zu beachten ist auch, dass im Gegensatz zu allen anderen Hochrisikobereichen es den im Gesundheitsbereich Tätigen verwehrt ist, die Haftung zu beschränken oder die Kosten für die Versicherung auf die Preise umzulegen.

Selbst Rechtsanwälte können ihre Haftung einzelvertraglich der Höhe nach beschränken. Produziert eine Firma ein gefährliches Produkt, muss sie zwar die höheren Risikokosten tragen, kann diese aber ohne Probleme über den Preis auf die Verbraucher abwälzen. Beide Möglichkeiten sind

Ärzten und Krankenhäusern verwehrt, einerseits durch die Rechtsprechung, andererseits durch die jahrelange Deckelung der Budgets. Gute Gründe, die für eine Beschränkung der Ansprüche der Höhe nach sprechen.

Bei der Auseinandersetzung um diese Frage auch eine letzte Erkenntnis aus unserer Langzeitbetrachtung von 247 Krankenhäusern nicht unerwähnt bleiben. Im Verhältnis zu den in deutschen Krankenhäusern durchgeführten Behandlungen ist die Anzahl der geltend gemachten Ansprüche schon relativ gering. So standen z.B. im Jahre den von den 247 Kliniken durchgeführten 2.298.933 Behandlungsfällen 2140 Anspruchstellungen gegenüber. Oder anders ausgedrückt. Auf 1074 Behandlungen kommt ein Schadenersatzanspruch. Bedenkt man dann noch, dass die Anspruchstellungen lediglich in einem Drittel erfolgreich sind, zeigt dies doch die Höhe Qualität der Behandlung, die in den deutschen Krankenhäusern stattfindet. Ein Ergebnis, das uns alle freuen sollte.

Was läuft falsch in der Schadensregulierung?

Matthias Teichner

Die Frage danach, was in der Schadensregulierung falsch läuft, geht einerseits von der Annahme aus, dass (ständig?) Fehler im Zusammenhang mit der Schadensregulierung auftreten. Andererseits wirft diese eher allgemein formulierte Frage mehrere Detailfragen auf, deren Beantwortung das Ziel sein muss, wenn man sich mit dieser Problematik auseinandersetzt. Diese Fragen lauten beispielsweise: *Läuft überhaupt etwas falsch und wenn ja was und aus wessen Sicht? Wem nützt und wem schadet dies und gibt es womöglich hierfür einen oder mehrere Verantwortliche? Wie lässt sich der Missstand, wenn es ihn denn tatsächlich gibt und wenn er als solcher – von wem auch immer – empfunden wird, abstellen bzw. wie und wodurch lässt sich die Situation verbessern?*

A. Anspruch und Wirklichkeit

Wie eine „richtige" Schadensregulierung – wohl aus der Sicht aller Beteiligten – vonstatten zu gehen hat, wurde von dem Mitarbeiter einer großen Versicherung im Arzthaftpflichtbereich formuliert. Danach hat die außergerichtliche Befriedigung eine unbedingte Priorität. Bei einer Schadenmeldung wird von Seiten der Versicherung versucht, unverzüglich mit der Überprüfung der Sach- und Rechtslage zu beginnen. Dies ist dadurch möglich, dass spezialisierte Volljuristen gemeinsam mit Konsilliarärzten den Schadenfall prüfen und der Frage der möglichen Haftung nachgehen. Ziel der Versicherer ist es, möglichst eine zeitnahe und „richtige" Entscheidung zu treffen. Berechtigte Ansprüche werden „angemessen befriedigt", während unberechtigte Ansprüche mit „nachvollziehbarer Begründung" zurückgewiesen werden.[1]

Dass diese Ansprüche nicht in jedem Einzelfall erfüllt werden (können), wird Niemanden überraschen. Anspruch und Wirklichkeit klaffen bekannt-

---

[1] Weidinger, MedR 2006, 571.

lich nicht selten auseinander. Dies gilt vorliegend vor allem im Hinblick auf das Ziel einer zeitnahen Entscheidung der Haftungsfrage. Auf beiden Seiten nimmt die Bearbeitung von Schadenfällen grundsätzlich viel, aus Sicht der Geschädigten nicht selten zuviel Zeit in Anspruch, wobei ein nicht unbeträchtlicher Teil dieser Zeit unnütz vertan wird. Im Vordergrund stehen dabei die langen Zeitintervalle, die häufig zwischen der Anforderung und der Zusendung von Behandlungsunterlagen, vor allem aber auch zwischen der Anforderung und dem Vorliegen von Stellungnahmen der Versicherungsnehmer zu den Vorwürfen der Patientenseite und schließlich zu den Gutachten liegen. Die späten Stellungnahmen der Versicherungsnehmer führen wiederum zwangsläufig zu noch späteren Stellungnahmen der Versicherer. Es darf also nicht verkannt werden, dass die Sachbearbeiter nur begrenzte Mittel – wenn überhaupt – haben, in diesen Situationen für eine Beschleunigung zu sorgen. Nichts Anderes gilt im Übrigen – im Verhältnis zu den Versicherern – für den anwaltlichen Vertreter des Patienten, von dem immer einmal wieder verlangt wird, den Druck auf die beteiligte Versicherungsgesellschaft zu erhöhen und für eine schnellere Bearbeitung des Schadenfalles zu sorgen.

Die, aus welchen Gründen auch immer, langen Bearbeitungszeiten liegen auch nicht im Interesse der Versicherungsnehmer, denn die großen Zeitintervalle führen von Fall zu Fall zu einer zusätzlichen und teilweise erheblichen Unzufriedenheit auf Seiten der Anspruchsteller. Nicht selten wird man als Rechtsanwalt in solchen Situationen danach gefragt, ob es (deshalb) nicht doch – wie unter Umständen anfangs von Seiten des Patienten geplant – sinnvoller gewesen wäre, massiver und energischer gegen den jeweiligen Arzt oder das Krankenhaus vorzugehen, z. B. durch Erstattung einer Strafanzeige. Das Risiko der unnötigen „Eskalation“ muss nicht zuletzt deshalb auf Seiten der Versicherungsnehmer und der Versicherer gesehen und es darf nicht unterschätzt werden. Schließlich muss bedacht werden, dass die zeitaufwändige Bearbeitung von Medizinschadenfällen ohnehin eine „ideale“ Projektionsfläche für verallgemeinerungsfähige Vorurteile bietet. So lautet eines dieser Vorurteile auf Anspruchstellerseite, dass es den Versicherern aus eigennützigen wirtschaftlichen Gründen darauf ankommt, sich mit allen redlichen und unredlichen Mitteln vor der Inanspruchnahme zu schützen.[2]

Bei allem Verständnis für die Probleme der Versicherer, eine schnelle und angemessene Schadensregulierung zu gewährleisten, muss kritisch festgestellt werden, dass es so mancher Sachbearbeiter von Fall zu Fall anscheinend daran missen lässt, seinen Teil dazu beizutragen, Schadensmeldungen einer zeitnahen Überprüfung und Entscheidung zuzuführen. In der

---

[2] Schellenberg, VersR 2006, 878.

Korrespondenz mit Versicherern entstehen so manches Mal in zeitlicher Hinsicht große Lücken, ohne dass diese erheblichen Zeitintervalle nachvollziehbar und damit gegenüber dem Anspruchsteller vermittelbar sind. Begründet werden die erheblichen Pausen in der Korrespondenz zwar damit, dass verschiedene Ermittlungen und insbesondere eine Rücksprache mit dem Versicherungsnehmer vorgenommen werden müssten. Die anschließenden Schreiben lassen dann jedoch nicht immer erkennen, dass die Zeit wirklich dazu genutzt wurde, die angeblich geplante Rücksprache zu halten und sodann die Sach- und Rechtslage, unter Hinzuziehung eines Konsilliararztes gründlich zu prüfen.

B. Worst-Case-Szenario

Um eine ungefähre Vorstellung davon zu haben, wie sich die Korrespondenz in einem Arzthaftungsfall aus Sicht der Anspruchstellerseite im schlimmsten Fall darstellen kann, soll ein Schadenfall aus der Praxis des Autoren als Worst-Case-Szenario dienen, wobei am Ende der ausgiebigen Korrespondenz, die sich über einen Zeitraum von eineinhalb Jahren hinzog, die Haftungsfrage nicht einmal geklärt wurde. Vielmehr muss diese Klärung dem unlängst angestrengten Gerichtsverfahren überlassen bleiben.

→ **22.02.2006** Erstes Schreiben an die gegnerische Klinik X. Der Klinik wird eine Frist gesetzt zur Zusendung der Behandlungsunterlagen und sie wird gleichzeitig aufgefordert, die zuständige Haftpflichtversicherung einzuschalten.
→ **08.03.2006** Zusendung der Behandlungsunterlagen.
→ **30.03.2006** Erinnerung an eine Kontaktaufnahme durch die Haftpflichtversicherung unter Fristsetzung bis zum 13.04.2006.
→ **05.04.2006** Mitteilung der Klinik: das Schreiben wurde an den zuständigen Operateur Prof. Y weitergeleitet.
→ **11.04.2006** Hinweis an die Klinik, dass diese selbst Anspruchsgegnerin ist, da sie Vertragspartnerin war. Fristsetzung bis zum 01.05.2006 und Klagandrohung. Erneute Aufforderung zur Einschaltung der Haftpflichtversicherung.
→ **14.06.2006** Klinik teilt auf telefonische Nachfrage hin die zuständige Berufshaftpflichtversicherung mit.
→ **19.06.2006** Schreiben an die Versicherung. Sie wird auf die bisherigen Bemühungen und die wenig konstruktive Korrespondenz hingewiesen.

→ **22.06.2006** Die Versicherung teilt mit: „[...] *leider ist uns von dem Vorfall nichts bekannt*“. Unter der von der Klinik X in Erfahrung gebrachten und der Versicherung mitgeteilten Versicherungsnummer sei Dr. Z versichert. „*Eine Klinik X oder ein Prof. Y ist ohne nähere Angaben wie Anschrift nicht zu ermitteln.*“ (Hierzu ist festzuhalten, dass Dr. Z Leiter der verantwortlichen Abteilung der Klinik X war). Abschließend bittet die Versicherung um Zusendung von Kopien des gesamten Schriftwechsels.

→ **26.06.2006** Zusendung des Schriftwechsels. Darunter befindet sich auch ein Befundbericht des Nachbehandlers, aus dem sich die Indikation zur Revision ergibt.

→ **07.08.2006** Schreiben der Versicherung: „*Sehr geehrter Herr Rechtsanwalt, wir gehen davon aus, dass hier die Versicherung besteht und haben die erforderlichen Belege angefordert.*“

→ **26.09.2006** Telefonat mit der Sachbearbeiterin. Diese teilt mit, dass der VN nicht reagieren würde. Daraufhin erfolgt im selben Gespräch Fristsetzung bis zum 10.10.2006 mit Ankündigung der Klageeinreichung für den Fall des ungenutzten Fristablaufs.

→ **02.10.2006** Schreiben der Versicherung. Man bitte nach Rücksprache mit dem Kunden, sich an den Operateur Prof. Y zu wenden, weil dieser seinerzeit die Operation durchgeführt habe. Im Übrigen bitte man, „*die Vorwürfe zu konkretisieren und ein vermeintliches Fehlverhalten nachzuweisen*“.

→ **12.10.2006** Schreiben an die Versicherung. Es wird erneut darauf hingewiesen, dass der Behandlungsvertrag mit der Klinik X bestand und dass diese auch die erbrachten Leistungen abgerechnet hat.

→ **10.11.2006** Nach Telefongespräch mit der Sachbearbeiterin werden der Versicherung die Unterlagen der Klinik X – teilweise erneut – übersandt und es erfolgt eine neuerliche Darstellung des Vertragsverhältnisses. Die Behandlungsfehler- und Aufklärungsrüge sowie die Vorstellung von einem angemessenen Schmerzensgeld (mind. 10.000,- €) werden konkretisiert. Fristsetzung für die Mitteilung einer Bereitschaft zur außergerichtlichen Schadenregulierung bis zum 30.11.2006.

→ **15.11.2006** Nach Telefongespräch mit Sachbearbeiterin Schreiben an die Versicherung. Es enthält die Fotodokumentation, den Befundbericht des nachbehandelnden Arztes und eine weitere Konkretisierung. Als Schmerzensgeldforderung werden nunmehr mindestens 12.500,- € und über diese hinaus die Kosten eines Revisionseingriffs geltend gemacht. Zudem wird angeregt, zwischen VN und Versicherung „wesentlich intensiver, als es sonst üblicherweise der Fall ist“ zusammenzuarbeiten, um nicht mit zwei Ansprechpartnern verhandeln zu müssen.

→ **17.11.2006** Versicherung teilt mit, wir werden „die Akte unserem Konsiliararzt vorlegen und auch unseren Kunden nochmals um Stellungnahme bitten".

→ **01.12.2006** Versicherung teilt mit: *„[...] nach Rücksprache mit unserem Konsiliararzt ist ohne eine erneute Untersuchung keine Stellungnahme möglich. Aus diesem Grund würden wir Ihre Mandantin nochmals von einem Spezialisten untersuchen lassen."*

→ **04.12.2006** Schreiben an Versicherung: einverstanden.

→ **11.12.2006** Versicherung teilt mit: „[...] *wir schlagen vor, die Schlichtungsstelle einzuschalten und bitten um Zustimmung bzw. entsprechende Veranlassung. Wir werden sodann unseren Kunden bitten, ebenfalls zuzustimmen.*"

→ **12.12.2006** Aufforderung an Versicherung, die Zustimmung des VN vorab beizubringen, um dann Schlichtungsantrag stellen zu können.

→ **09.02.2007** Versicherung meldet Zeitbedarf an: *„Bislang liegt uns leider keine Antwort unseres Versicherungsnehmers vor."*

→ **26.02.2007** Anruf bei Sachbearbeiterin. Sie meint sich daran zu erinnern, dass der VN dem Schlichtungsverfahren nicht zugestimmt habe. Schlägt vor, dass ein Sachverständiger benannt werden solle, dem die Versicherung dann den Auftrag erteilen könne. Allerdings müsse noch die Kostenfrage geklärt werden.

→ **28.02.2007** Versicherung teilt mit: „[...] *bezugnehmend auf unser Telefonat vom 26.02.2007 teilen wir mit, dass sich unser Kunde doch mit der Durchführung eines Verfahrens vor der Schlichtungsstelle einverstanden erklärt. Wir bitten Sie, entsprechend zu verfahren.*"

→ **18.04.2007** Schlichtungsantrag gestellt.

→ **12.07.2007** Der Schlichtungsausschuss schreibt Dr. Z an und bittet diesen um alsbaldige Stellungnahme. Trotz Erinnerung der Schlichtungsstelle vom 15.08.2007 keine Reaktion von Seiten Dr. Z.

→ **28.08.2007** Schreiben der Versicherung: *„[...] unser Kunde ist mit der Einschaltung der Ärztekammer nicht einverstanden."*.

→ **03.10.2007** Besprechungstermin mit Mandantin. Erteilung der Prozessvollmacht.

→ **21.12.2007** Klage gegen Klinik X und Prof. Y beim zuständigen Landgericht eingereicht.

Die Bearbeitung dieses Schadenfalles steht mit den dargestellten Ansprüchen einer „zeitnahen" und „richtigen" Entscheidung – für jedermann erkennbar – ganz und gar nicht im Einklang. Die „Verhandlungen" in dieser Schadensache liefen zweifelsohne in mehrerer Hinsicht falsch, wobei der Autor hierfür durchaus eine Mitverantwortung trägt. Es hätte beispielsweise früher Klage erhoben werden können und vielleicht auch müssen. Allerdings musste bedacht werden, dass die geschädigte Patientin über keine Rechtsschutzversicherung verfügte, und dass Kanzleisitz und Sitz des zuständigen Landgerichts auseinander fielen. Deshalb wurde sich sehr lange auf eine außergerichtliche Klärung der Schadensache bemüht.

C. Was läuft grundsätzlich *falsch*?

Auch wenn der dargestellte Fall ein Ausnahmefall sein dürfte, bleibt allgemein festzuhalten, dass die Verhandlungen über eine Schadensregulierung im Arzthaftungsbereich grundsätzlich zu lange dauern. Dabei finden teilweise überhaupt keine Verhandlungen statt, die diese Bezeichnung verdienen. Unter einer Verhandlung versteht man im allgemeinen Sprachgebrauch eine Besprechung oder Erörterung eines Sachverhaltes. Dies geschieht indes häufig tatsächlich nicht; vielmehr stellen beide Seiten eigene Ermittlungen an und jede Seite übernimmt schließlich bei der Beurteilung der Sach- und Rechtslage die Angaben der jeweiligen Partei, wozu auf Behandlerseite auch die Dokumentation gehört, und dies selbst dann, wenn deren Richtigkeit und Vollständigkeit plausibel angezweifelt wird.

Auch die Art und Weise, wie über die Höhe der Entschädigungen, vor allem die Zahlung eines angemessenen Schmerzensgeldes, von Seiten der Versicherer verhandelt wird, gibt immer wieder Anlass zur Kritik. Bei der Bemessung des Schmerzensgeldes wird häufig weder auf den Einzelfall abgestellt noch werden die Kriterien beachtet, die der BGH in diesem Zusammenhang mehrfach aufgestellt hat. Für die Bemessung des Schmerzensgeldes sind nach ständiger Rechtsprechung die Schwere der Verletzung, das durch diese bedingte Leiden, dessen Dauer, das Ausmaß der Wahrnehmung der Beeinträchtigung durch den Verletzten und der Grad des Verschuldens des Schädigers maßgeblich.[3] Diese Umstände sind in eine Gesamtbetrachtung einzubeziehen und in eine angemessene Beziehung zur Entschädigung zu setzen.[4] Das Schmerzensgeld soll in erster Linie einen Ausgleich für die erlittenen Beeinträchtigungen darstellen, daneben aber auch der Genugtuung des Geschädigten für das erlittene Unrecht dienen.[5] Statt dass diese Kriterien bei der Bemessung des Schmerzensgeldes Berücksichtigung finden, beschränkt man sich auf Seiten der Versicherer darauf, einen angeblich ähnlich gelagerten Fall aus der Hacks-Liste heranzuziehen. Die Hacks-Liste – Segen und Fluch zugleich – ist für Versicherer häufig die einzige Orientierung bei der Bemessung von Schmerzens-

---

3 BGH, Urt. v. 12.5.1998 – VI ZR 182/97, NJW 1998, 2741.

4 BGH, Urt. v. 25.5.1988 – VI ZR 159/87, VersR 1988, 943.

5 OLG Köln, Teilurt. v. 9.1.2002 – 5 U 91/01, NJW-RR 2003, 308.

geldern, wobei noch hinzu kommt, dass den Sachbearbeitern nicht immer die aktuelle Fassung dieser Tabelle zur Verfügung steht. Die Höhe von angebotenen (niedrigen) Schmerzensgeldern wird floskelhaft begründet. Dasselbe gilt für die Zurückweisung angeblich überhöhter Forderungen, verbunden mit einem Gegenangebot. Häufig liest man als einzige Begründung für das nach Ansicht der Versicherung angemessene Schmerzensgeld: *Bei der Bemessung des Schmerzensgeldes haben wir uns an der Hacks-Liste orientiert.* Dabei soll nicht verschwiegen werden, dass die Gerichte mit schlechtem Beispiel vorangehen. Nicht selten erschöpft sich die Begründung von zugesprochenen Schmerzensgeldern in Urteilen in der Floskel: *Das zugesprochene Schmerzensgeld ist angemessen und ausreichend. Dies auch unter Berücksichtigung ähnlich gelagerter Fälle.* Ein schlechtes Beispiel geben die Gerichte im Übrigen auch dadurch ab, dass der BGH-Rechtssprechung nicht Rechnung getragen, wonach ein angegebener Mindestbetrag nicht dazu führt, dass dem Gericht hinsichtlich der Höhe des Schmerzensgeldes nach oben hin Grenzen gesetzt sind.[6] Erst einmal in 23 Berufsjahren hat es der Autor erlebt, dass ein Gericht über den geltend gemachten Mindestbetrag hinausgegangen ist und diesen verfünffacht (sic!) hat.

Zu guter Letzt muss kritisch angemerkt werden, dass zum einen der Schockschaden von Versicherern zu selten akzeptiert und reguliert. Der Gesundheitsschaden in Form einer posttraumatischen Störung wird grundsätzlich in Zweifel gezogen. Die Höhe der angebotenen Schmerzensgelder in diesem Bereich ist (ebenfalls) zu niedrig und stellt deshalb in der Regel keinen angemessenen Ausgleich für das erlittene Unrecht und die Gesundheitsschädigung des Hinterbliebenen dar. Aber auch in diesem Zusammenhang gilt, dass die Versicherer im Hinblick auf die monierte geringe Höhe von freiwillig angebotenen Schmerzensgeldern durch entsprechende Gerichtsentscheidungen, die der Hacks-Liste zu entnehmen sind, bestärkt werden. Zum anderen wird der Eingriff in das Allgemeine Persönlichkeitsrecht in Form eines eigenmächtigen Heileingriffs von Versicherern nicht selten zu sehr bagatellisiert. Als Entschädigungen werden, wenn überhaupt, symbolische Abfindungen angeboten. Auch diese Regulierungspraxis kann nicht unwidersprochen bleiben.

6 vgl. hierzu BGH, Urt. v. 30.04.1996 – VI ZR 55/95, VersR 1996, 990.

D. Die Meinungen Anderer – steht der Autor mit seiner Kritik allein da?

Um nicht für sich allein zu sprechen und vor allem, um nicht aufgrund eigener Erfahrungen in ungerechtfertigter Art und Weise über die Arbeitsweise von Versicherern im Arzthaftungsbereich verallgemeinernd zu berichten und zu urteilen, hat der Autor Kollegen danach befragt, ob auch diese der Ansicht sind, das etwas in der Schadensregulierung falsch läuft. Das Ergebnis dieser stichprobenartigen Befragung stellt sich wie folgt dar:

Nur noch wenig Haftpflichtversicherer verfügen über Regulierungsbeauftragte, mit denen im mündlichen Austausch vor Ort nahezu stets ein ordentlicher Vergleich geschlossen werden konnte. Stattdessen wird ausgiebig korrespondiert, wobei ich die Beobachtung mache, dass je eingehender die Forderungen begründet werden, desto kürzer fallen die Antwortschreiben aus.

RA Dr. Dr. Peter Gaidzik (Hamm)

Statt einer inhaltlichen Antwort erhalte ich einen Vierzeiler, dass und warum die gegnerische Versicherung der Meinung ist, nicht in die Regulierung eintreten zu müssen, ohne dass auch nur mit einem Satz eine inhaltliche Auseinandersetzung mit unserem Anspruchsschreiben erfolgt. Oftmals werden die Opfer durch zynische Antwortschreiben zusätzlich traumatisiert und haben den Eindruck, „verhöhnt“ zu werden.

RA Frank Teipel (Berlin)

Die Versicherer schaden sich m. E. im Ergebnis selbst, wenn der richtige Ton im Umgang mit den Geschädigten verfehlt wird. Wenn z. B. eine Patientin traumatisiert ist, nachdem ein Kaiserschnitt ohne jede Betäubung eingeleitet wurde, darf nicht von einem „nicht optimalen Zeitpunkt für den Operationsbeginn“ geschrieben werden.

Dr. Sebastian Cramer (Hamburg)

Vom System her würde ich mir wünschen, dass – wie früher in der DDR – das System einer billigen angemessenen Entschädigung (EMU) eingeführt würde, um einen Puffer in beweismäßig schwierigen Fällen zu haben, der auch den Anreiz für den Geschädigten schaffen könnte, mit einer billigen Entschädigung einverstanden zu sein, ohne über Jahre einen Rechtsstreit mit ungewissem Ausgang führen zu müssen.

RA Prof. Dr. Bergmann (Hamm)

E. Schlussbemerkung

Einigkeit dürfte nach allem darüber bestehen, dass Regulierungsverhandlungen in Arzthaftungsfällen im außergerichtlichen Bereich sehr lange, so manches Mal – für alle Beteiligten, vor allem aber für die unmittelbaren Beteiligten – zu lange dauern. Sofern die beteiligten Versicherungsgesellschaften nach wie vor den Anspruch erheben, dass es ihr Ziel ist, in Medizinschadenfällen möglichst eine zeitnahe (und „richtige“) Entscheidung herbeizuführen, so muss man wohl allgemein zu der Einschätzung gelangen, dass man diesem Anspruch nicht (mehr?) gerecht wird. Inwieweit dabei die zunehmende Arbeitsbelastung der jeweils zuständigen Sachbearbeiter, unter der allerdings auch so mancher „erfolgreicher“ Rechtsanwalt zu „leiden“ hat, eine Rolle spielt, muss dahingestellt bleiben. Die Tatsache, dass immer mehr Versicherungsgesellschaften miteinander fusionieren, lässt im Übrigen nichts Gutes erahnen, was das Ziel von „möglichst zeitnahen“ Entscheidungen betrifft, denn angeblich geht diese Entwicklung so manches Mal damit einher, das Stellen von Sachbearbeitern der beteiligten Versicherungsgesellschaften abgebaut werden. Nicht verkannt werden soll, dass die einzelnen zuständigen Sachbearbeiter – mit ihren individuellen Fähigkeiten und Möglichkeiten – grundsätzlich darum bemüht sind, an einer möglichst zügigen Überprüfung der Schadenfälle mitzuwirken. Ein mutwilliges Hinauszögern der Klärung der Sach- und Rechtslage und damit eine gezielte Verschleppung der Schadenregulierung kann nicht festgestellt werden. Allerdings führen die grundsätzlich langen Bearbeitungszeiten dazu, dass die geschädigten Patienten, sofern denn überhaupt am Ende der Verhandlungen eine Übereinkunft erzielt wird, ihre Entschädigung sehr spät, oft erst drei bis fünf Jahre nach dem Schadenereignis erhalten. Eine (zu) späte Entschädigung indes erfüllt ihren Zweck nicht bzw. tut dies nur unvollkommen. Deshalb muss es weiter das Ziel aller Beteiligten sein, den einmal formulierten Anspruch, möglichst für eine zeitnahe und richtige Entscheidung in Arzthaftungsfällen im außergerichtlichen Bereich zu sorgen, zu erfüllen, dies zumindest aber fortwährend anzustreben.

3. Diskussion

Uphoff: Vielen Dank Herr Kollege Teichner. Eine kurze Anmerkung und Ergänzung zu Ihrem Referat. Ich denke, das Problem der Schadensregulierung zeigt sich inzwischen auch insbesondere in den Fällen, in denen mehrere Haftpflichtversicherer beteiligt sind. Dort ist ja dann die etwas attraktivere Situation erreicht, wo der erste Haftpflichtversicherer eben auch mit dem zweiten Haftpflichtversicherer sprechen muss, verhandeln muss und anscheinend machen dann dort die Haftpflichtversicherer die gleichen Erfahrungen, die Sie in Ihrem Sachverhalt ja sehr anschaulich dargestellt haben. Man kann, wenn man den Sachverhalt und die Schreiben sich noch mal vor Augen führt, nur im Beamtendeutsch sagen, der Vorgang ist außer Kontrolle geraten. Trotzdem hoffe ich, ist es zu einem guten Abschluss gekommen. Ich eröffne die Diskussion, Fragen, Anmerkungen oder Summen – alles erlaubt. Ich bitte um Ihre Wortmeldungen.

Ratajczak, Rechtsanwalt, Sindelfingen: Herr Teichner, man könnte da viel zu sagen, wir sehen ganz viele Briefe von Anwälten, die Patienten vertreten, die einfach nur eine echte Zumutung sind. Wir sehen auch die Schwierigkeiten in der Schadensermittlung auf der Versichererseite. Der Fall, den Sie angesprochen haben, deutet viel darauf hin, dass lange Zeit die versicherungsrechtliche Problematik als solche unklar war. Zu dem Herrn von der Ecclesia: Sie haben völlig Recht, wir beraten auch entsprechend und zwar in allen kritischen Medizinbereichen. Wenn um die Frage gestritten wird, ob man eine Abteilung offen halten soll mit hohem Risiko, um dann eine Hauptabteilung in eine Belegabteilung z.B. Gynäkologie umzuwandeln, dann sagen wir, nein. Dann schließt man, man geht raus aus der Fläche, es ist rechtlich ungleich einfacher, die Geburt als Notfall durchzusetzen oder abzuwickeln als eine kleine Abteilung als Pflegeabteilung aufrecht zu erhalten. Normativer Schaden müsste eigentlich bedeuten in Deutschland, in den USA ist es längst so, dass die Rechtsprechung die Verantwortung für die Volkswirtschaft als Ganzes zur Kenntnis nimmt. Wir geben, was für diese Großschadenverhältnisse sehr schön dargestellt worden ist, Unsummen aus, die anderen Bereichen des Medizinrechts schlicht fehlen. Und kein Mensch hat da offenbar irgendein Korrektiv. Es kann schlicht nicht sein, dass wir dermaßen viel ausgeben. Stellen Sie sich mal vor, was wir für 6 Mio. Euro alles machen könnten. Die gesetzlichen Krankenkassen machen mit Gewalt, es wird vielfach kritisiert, aber es funktioniert in der Praxis; das Problem, wenn Kinder Leukämie haben und Knochenersatz brauchen. Das erste mal kriegen sie es unproblematisch bezahlt, beim zweiten Mal lassen sie sich verklagen, wohl wissend, dass die Chance, dass das 2. Kind transplantiert wird, das Kind ein zweites Mal transplantiert wird, nur eine Frage einer kurzen Zeitschiene ist, dann ist der Prozess erledigt. Natürlich erledigt. Wir können uns als Staat solche Dinge wie heute Morgen, wo völlig ohne Reflektion seitens des LG Braunschweig vorgetragen wurde, überhaupt nicht leisten. Ich meine, ich bin auch Fachanwalt für Sozialrecht, wir kümmern uns extrem ums Gesundheitswesen. Im Bereich der Sozialversicherung brechen uns die Systeme weg. Unter anderem deswegen, weil wir keinen Nachwuchs haben. Heute Morgen diskutiert man ernsthaft die Frage der Gleichstellung eheliche und nichteheliche Lebensgemeinschaft. Die nichteheliche Lebensgemeinschaft bringt uns im Sozialwesen ganz unfassbare Probleme der Finanzierung. Und ich erwarte eigentlich von den Richtern, die sich um den normativen Schaden kümmern, dass sie sich auch mal drum kümmern, wer soll das bezahlen? Es kann doch nicht sein, ich habe letzte Woche erst in einem Gutachten den Rat gegeben, eine 600-Geburtenabteilung komplett zu schließen, weil das viel billiger ist, als diese Abteilung in eine Belegabteilung umzuwandeln; das ist ein Riesenrisiko. Für die Frauen bedeutet das aber umgekehrt mindestens 45 Minuten mehr Anfahrt. Machen Sie es unter der Geburt, wir wissen ganz genau, das können Sie statistisch ausrechnen, wie viele mehr tote Kinder das geben wird, wie viel mehr wahrscheinlich auch tote Frauen das geben wird. Über den Zeitraum x ist das völlig klar, dennoch ist es die einzig vernünftige Lösung in Deutschland, weil uns die Rechtsprechung beim Belegarzt mit einem solchen Risiko konfrontiert. Ich reduziere das Risiko massiv, weil ich die ganzen Frauen nur noch als Notfall bekomme und dann gibt es plötzlich vernünftige normative Kriterien in der Rechtsprechung. Das kann doch nicht sein, dass wir so das Recht steuern. Und diese Volkswirtschaft, die Dimension wird völlig ignoriert, man guckt sich das Einzelschicksal an, wir ruinieren über das Einzelschicksal unseren Staat und im Bereich des Gesundheitswesens ist das so. Wir haben in ganz vielen EU-Ländern mittlerweile eine ganz ausgedünnte Facharztversorgung und im operativen Bereich erst recht, weil niemand die Versicherungsprämie mehr zahlt. Da sagen die Gynäkologen, lasst das bleiben. Für diese 600-Geburtenklinik hätten wir nicht einen Gynäkologen bekommen, der die Geburtshilfe macht als Belegarzt, also ist die Entscheidung ganz einfach. Eine Entscheidung für den Krankenhausträger, entweder fortsetzen oder komplett schließen. Danke.

Uphoff: Vielen Dank Herr Kollege Ratajczak. Nur dazu eine ganz kurze Anmerkung: Es ist natürlich auch eine durchaus gesundheitspolitische Entscheidung und Frage, ob nicht auch das Belegarztsystem in der deutschen Geburtshilfe ein Anachronismus ist und man sollte das, denke ich, nicht über das Haftungsrecht lösen.

Peters, Kommunaler Schadensausgleich, Berlin: Ich mag ganz konkret zu dem, was Herr Teichner gesagt hat, Stellung nehmen. Ich denke, dazu bin ich auch berufen. Der Fall, den Sie geschildert haben, ich würde den mal als Ausreißer bezeichnen, aber da sind Muster drin, die ich auch kenne und ich denke, da sind auf mehreren Ebenen Kommunikationsprobleme und die mag ich vielleicht mal ganz kurz ansprechen. Das erste, und das ist für eine Haftpflichtversicherung zwingend, wir müssen herausfinden, ob das, was als Schaden geltend gemacht worden ist, überhaupt bei uns versichert ist. Das ist häufig nicht ganz einfach, vor allem auch, wenn man Informationen vom Versicherungsnehmer braucht. Das ist aber eine zwingend zu klärende Vorfrage, weil Sie sonst als Haftpflichtversicherer Probleme kriegen, wenn Sie Schäden bezahlen, die eigentlich gar nicht in den Deckungsbestand reingehören, das muss einfach geklärt werden. Das zweite ist, dass die Bewertung der Qualität einer Behandlung und dann auch die Bewertung, welche Folgen ein möglicher Behandlungsfehler hat, eine medizinische Fragestellung ist, die Juristen nicht beurteilen können. Das Problem kennen Sie natürlich auch. Mindestens genauso gut wie ich. Die Klärung dieser Fragen braucht Zeit. Vor allem, wenn Sie überlegen, wie laufen eigentlich die Entscheidungsprozesse ab und ich denke, da ist es immer vernünftig, sich dann auch in die Gegenposition des jeweiligen Gegenüber zu projizieren und sich zu überlegen, wie würdest Du das eigentlich konstruieren, wie eine Entscheidung getroffen wird. Haftungsfall ja oder nein und Regulierung ja oder nein und in welchem Umfang. Es ist letztendlich so, wenn man das in irgendeiner Weise dann auch standardisieren will oder mit einer gewissen Qualität diesen Entscheidungsprozess versehen will, dass man einfach gucken muss, ich brauche die Information, ich brauche die Aussage von jemanden, der kompetent ist, wie ist diese Behandlung zu bewerten und was sind die Folgen eines möglichen Fehlers. Das dauert, zumal Sie ja im Vorfeld auch noch ermitteln müssen, was ist da eigentlich passiert. Und da komme ich an ein ganz wichtiges Kommunikationsproblem, nämlich die Kommunikation zwischen Ärzten und Juristen. Die ist nachhaltig gestört. Wir haben auch generell, was die Tätigkeit eines Juristen angeht, eine sehr sehr verzerrte Wahrnehmung auf Seiten der Ärzte, die immer das Gefühl haben, man will ihnen irgendwie an den Karren fahren und sie seien immer letztendlich diejenigen, die die Verantwortlichen sind. Und wenn man mit Ärzten spricht und sagt, tröstet euch, Rechtsanwälte haben das gleiche Gefühl im Hinblick auf die Rechtsprechung des BGH zur Anwaltshaftung tröstet sie das relativ wenig. Aber da ist einfach auch eine gewisse emotionale Sperre. Und wenn Sie dann den Arzt, der die Behandlung durchgeführt hat, fragen als Haftpflichtversicherung, Dir werden Fehler vorgeworfen, das Behandlungsergebnis ist unerfreulich, äußere Dich dazu, dann ist das erstmal was, wo auch der betroffene Arzt irgendwo über eine gewisse Sperre über muss, bevor er sich dazu äußern kann, bevor er sich dazu eine Meinung machen kann. Das ist häufig nicht einfach und manchmal ist es ausgesprochen schwierig. Ist aber für mich als Haftpflichtversicherung unabdingbar. Und das führt dann, neben anderen Unzulänglichkeiten, auch persönlichen Unzulänglichkeiten und Dingen, ich denke jeder von uns muss feststellen, dass er in seinem Berufsleben Sachen gemacht, wo er sich nicht mit Ruhm bekleckert hat, die natürlich dann noch dazu kommen können. Das sind einfach Dinge, wo sich die Dinge sehr in die Länge ziehen. Ein weiterer Gesichtspunkt ist der, das, worüber wir hier reden, das Medizinschadenrecht, das Recht der Arzthaftung, das ist ja nicht so, dass man sagen kann, dass das eine einheitliche und einfache Grundlage für eine Entscheidungsfindung liefert. Relativ einfach können Sie sich mit der Frage auseinandersetzen, liegt ein Behandlungsfehler vor ja oder nein. Aber bei der Frage der Kausalität kommen Sie regelmäßig ins Schwimmen. Und wie wollen Sie eine vernünftige Entscheidung schnell treffen bei der Frage, ist ein Behandlungsfehler als grob zu qualifizieren ja oder nein. Da befragen Sie drei Gutachter und kriegen vier Äußerungen. Entscheidend ist, ich verkürze es ein bisschen, aber in vielen Fällen entscheidend ist letztendlich, was der Gutachter sagt, den ein Gericht bestellt. Auch andere Sachen sind einfach schwierig zu beurteilen. Man kann nicht aus dem Stand raus beurteilen, liegen z.B. die Voraussetzungen einer Beweislastumkehr klar aufgrund einer unterlassenen Befunderhebung vor? Da stecken immer auch Bewertungsmomente drin, wo man letztendlich nicht zu einer einfachen Entscheidung kommt. Der nächste Punkt ist dann noch auf der Haftungsseite und da bin ich auch sehr dankbar für das, was Herr Pardey heute Vormittag gesagt hat, nämlich die Unsicherheiten bei der Bemessung des Schadens. Die habe nicht nur ich, die hat er offenbar auch. Wobei, und das ist der Unterschied zwischen ihm und mir, er hat dann letztendlich die Definitionsmacht, jedenfalls wenn das Urteil rechtskräftig wird, zu sagen, so und so ist es, weil das ist mein Schätzungsermessen. Die Möglichkeit habe ich nicht. Sie haben also hier in der Beurteilung rechtlicher Fragen lauter Ungewissheiten, lauter Wertungen, die ein Gericht dann ganz anders machen kann, und das macht es schwierig. Worum es mir eigentlich geht, ist, vielleicht zu verdeutlichen, dass die Dinge, die auf Seiten eines Haftpflichtversicherers passieren und die auch nicht publik gemacht werden, dass da sehr häufig Sachzwänge dahinter stecken. Dinge, die von unserer Seite aus zwingend zu erledigen sind und dass es nicht unsere Absicht ist, kann ich jedenfalls von meiner Regulierungspraxis sprechen, die Dinge zu verzögern, weil ich auch davon ausgehe, dass das überhaupt in keiner Weise hilfreich ist. Das ist aber ein weiteres Kommunikationsproblem. Worum es mir geht, und da komme ich jetzt zum Ende meines Beitrages, ist, wenn Sie mal Dinge, wie die, die Sie an die Wand geworfen haben, ausklammern, die auch für mich nicht 100%ig optimal aussehen, diese ganzen Sachen und wir reden hier ja auch nicht über kleine Beträge, jedenfalls nicht bei größeren Körperschäden, da sind Dinge, die sind aufwändig zu entscheiden, die sind schwierig zu entscheiden und da sitzen auf der Gegenseite eben auch Leute, die dann mit ihrer Unterschrift für eine Entscheidung, die sechs- oder siebenstellige Beträge umfasst, geradestehen müssen und das sind schwierige Entscheidungen und dauern erfahrungsgemäß. Von daher erscheint es mir sicherlich sehr sinnvoll, wenn Sie mit Ihrem Mandanten von vornherein absprechen, dass das einfach auch längere Entscheidungsprozesse sind und ich denke, und das ist vielleicht auch ein Argument, wie man dem Ganzen noch etwas Positives abgewinnen kann. Dass die Dinge so lange dauern, findet man ja selber auch manchmal sehr unbefriedigend, das positive an der ganzen Sache ist letztendlich, wenn sich dann jemand durchgerungen hat, zu regulieren, dann haben Sie jedenfalls einen potenten Schuldner. Ich weiß nicht, ob Sie jemals Fälle vertreten haben gegen Ärzte, die keine Haftpflichtversicherung haben, das ist dann natürlich auf der Haftungsseite noch mal was ganz anderes. Danke.

Uphoff: Vielen Dank Herr Peters. Ich denke, wenn ich zusammenfasse, man muss anscheinend doch mehr miteinander sprechen und telefonieren, um die Sache voran zu bringen. Wir werden ja später von Frau Dr. Wandl, so vermute ich, indes noch erfahren, dass Zeitablauf wichtig ist für die Reha, so dass natürlich Sachzwänge hin, Sachzwänge her, schon noch überlegt werden muss, ob dieser Zeitablauf letztendlich nicht auch zu einer Schadenspotenzierung oder Schadensvermehrung führt.

Teipel: Ich halte kein Co-Referat. Herr Peters, es gibt natürlich eine Richtschnur. Nur leider gibt es sehr viele Landgerichte und in jüngerer Zeit auch viele Oberlandesgerichte, die aufgrund des verknappten Revisionsrechts die Rechtsprechung des 6. Senats nicht mehr konsequent anwenden und die Leitsätze des 6. Senats oft nicht beherrschen. Wenn man sich am 6. Senat orientiert, käme man schon zu einer ziemlich großen Rechtssicherheit. Ganz kurz zu Herrn Petry. Herr Petry, dass die Zahl der Regresse so zugenommen hat, liegt unter anderem ja an einer Änderung oder einer Einführung des § 66 SGB V, der ja erstmalig den Versicherern gestattet hat, sich in die Regulierung einzuschalten. Ich finde, davon wird viel zu wenig Gebrauch gemacht. Was mich wundert, ist, da bin ich auch mit Herrn Ratajczak nicht einer Meinung, dass der Großteil der Großschäden also so einen Riesenanteil ausmacht. Das, wir können jetzt nur Daten gegeneinander austauschen, Landgericht München I hat sich in 2001, Herr Pardey wird die Entscheidung kennen, verdienstvoll mal daran gemacht, ausrechnen zu lassen durch Gutachter, wie groß der Anteil Bagatell- und mittlerer Schäden im Verhältnis zu Großschäden ist. Das LG München ist bei sämtlichen Körperschäden der gesamten Bundesrepublik – nicht nur Arzthaftung versteht sich, sondern insgesamt Körperschäden, – darauf gekommen, dass sich 93 % auf Klein- und mittlere Schäden beziehen und nur 7 % auf die Großschäden. Jetzt sind wir soweit auseinander, das werden wir hier nicht klären können. Die Steigerung der Schmerzensgelder hängt mit dem geänderten Menschenbild im Wesentlichen zusammen. Währenddessen der BGH in den 70er Jahren noch ein symbolisches Schmerzensgeld, wenn der das gar nicht mehr mitgekriegt hat, zugesprochen hat, hat sich eben unter dem Eindruck von Art. 1 die Rechtsprechung sehr geändert und gesagt, wenn der das mitkriegt, dann ist entsprechend zu verfahren. Letzte Anmerkung: Die Verknappung von Personal wird sich als eine Milchmädchenrechnung erweisen. Man kürzt kurzfristig in den Krankenhäusern betriebswirtschaftlich, um dann zu der entsprechenden Anzahl von Schäden zu kommen aufgrund der Personalverknappung z.B. im geburtshilflichen Bereich. Eine letzte Anmerkung zu Matthias Teichner: die großen Pausen in der Versicherung, hat neulich ein Versicherer gesagt, ich kann es nicht nachvollziehen, es wird stimmen, ein Außenregulierer hat gesagt „Sie sehen mich hier das letzte Mal, wir werden alle eingezogen, wir kriegen in Zukunft die Akten nur noch per elektronischer Akte, können uns dann selber raussuchen, ob wir überhaupt eine Akte haben wollen, was wir davon ausdrucken, das müssen wir auch noch auf unsere Kosten machen, die kriegen wir auf unser Notebook und letztendlich ist bei uns ein solches Chaos." Vielleicht kann der eine oder andere aus einer Versicherungsgesellschaft mal was dazu sagen? Ein solches Chaos, so dass wir beim besten Willen einfach aufgrund der Personalverknappung gar nicht mehr in der Lage sind, sachgerecht in die Regulierung einzutreten. Schönen Dank.

Uphoff: Nun ist ja jeder Opfer seiner eigenen Berufssozialisation und man beschimpft möglicherweise heute auch die falschen, das weiß ich nicht so genau. Die, die hier sind, sind ja bereit, sich der Diskussion zu stellen. Herr Petry.

Petry: Herr Teipel, also mit den Zahlen, weiß ich gar nicht, ob wir so weit auseinander sind, also ohne dass ich diese Auswertung, die das LG München hat machen lassen, kenne, aber wenn die bei 7% von den Stückzahlen sind und ich bei 0,26 Promille, wenn ich an das Jahr 1992 denke, dann muss man ja auch sehen, dass das ein ganz anderes Klientel ist. Ich rede von über 140 Krankenhäusern und wenn Sie über alle Personenschäden reden, reden Sie über alle Personenschäden, die auch im Kraftfahrzeugbereich sind. Wissen Sie, wie viele das sind? Da sind wir in ganz anderen Größenordnungen, also von daher, das macht nichts. Das mit dem Schmerzensgeld, natürlich hat der BGH die Rechtsprechung geändert, meiner Meinung nach auch zu Recht. Mein Hinweis sollte eigentlich in eine andere Richtung gehen. Wenn man zu Recht solche Schmerzensgelder ausurteilt, und ich frage mich ja ohnehin, wie man das Leid so eines Menschen, das ist ja meistens nicht nur der Mensch, sondern jeder von uns, der in diesem Bereich tätig ist, kennt Fälle, wo ganze Familien daran kaputtgegangen sind, also gibt es eh keinen Betrag, der adäquat ist. Nur, wenn man einen Betrag von immerhin 500.000 hat, dann ist natürlich schon die Frage, oder muss die Frage erlaubt sein, ob dass an Maßnahmen, ich sage es mal vorsichtig, so jedenfalls die wissenschaftliche Evidenz ausgesprochen dünn ist, ob das dann tatsächlich unter materiellem Schaden laufen muss oder ob das darüber dann auch abgegolten ist. Das war nur mein Hinweis. Und was den Personalmangel angeht, das ist Krankenhäusern schon bewusst. Nur da komme ich auch darauf zurück, dass Krankenhäuser dummerweise in der Situation sind, nicht selbst über ihren Preis entscheiden zu können. Das heißt, wenn Sie als Haus die Wahl haben, entweder rote Zahlen zu schreiben oder das über Personaleinschränkung noch auf eine schwarze Null hinzubekommen, dann bleibt Ihnen als Geschäftsführer nicht so viel Wahl und das, was Herr Ratajczak gesagt hat, das ist keine leere Drohung. Ich könnte Ihnen jede Menge Krankenhäuser nennen und zwar kommunale, ganz besonders, aber durchaus inzwischen auch im kirchlichen Bereich, wo die Träger sagen, solange Ihr diese schwarze Null noch schafft, ist es gut, wenn ihr die nicht schafft, werdet ihr verkauft oder zugemacht. Und wir können das heute hier nicht lösen, weil wir hier nicht über Gesundheitspolitik reden können, aber man muss sich klar machen, wir alle erwarten, wenn wir ins Krankenhaus gehen, natürlich den Mercedes, jeder will die optimalste Behandlung. Ich auch, da mache ich gar keine Ausnahme. Aber wir wollen nur den Gogo bezahlen und irgendwo muss man sich fragen, ob dieser Widerspruch dieser Gesellschaft eigentlich immer haftungsrechtlich auf dem Rücken der Ärzte ausgetragen werden kann. Darum geht es meiner Meinung nach. Vor 15 Jahren, da hat ein Geburtsschaden, der ist natürlich wegen anderer Erwartungen, an Lebenserwartungen, da gab es natürlich auch Gründe, ein Bruchteil dessen gekostet, was er heute kostet und die Frage ist, wo ist das Ende?

Teipel: Lieber Herr Petry, ich stimme Ihnen völlig zu, aber das liegt eben daran, dass diese knappe Ressource Gesundheit zu rein betriebswirtschaftlichen Kriterien in unserer Gesellschaft verkauft wird und das wird sich auf Dauer rächen. Danke.

Teichner: Noch als Ergänzung: Also mein Vortrag war schon auch ein bisschen auf der Vermittlungsebene zu sehen. Ich bin zwar Parteivertreter, aber wer mich kennt, weiß, dass ich eigentlich immer an der konstruktiven Klärung eines Falles interessiert bin. Und wenn man sich den Fall vor Augen hält, natürlich Hand aufs eigene Herz, mein Schreibtisch ist voll und ich habe die Akte auf dem Tisch, ich versuche es mal telefonisch und dann verfüge ich die Akte weg, also natürlich habe auch ich die Situation, die ein Sachbearbeiter auch hat. Dass eben auch die Arbeitsbelastung eine Rolle spielt bei der Frage, wie oft die Akte bearbeitet wird. Das wird sicherlich bei den Versicherungen auch nicht unbedingt besser werden, denn die Fusionen führen nicht unbedingt dazu, dass mehr Sachbearbeiter die Schadenfälle in Zukunft bearbeiten werden. Dann haben wir die Frage, warum, das fiel mir vorhin nicht ein, warum ich so lange eben auch an dem Fall gearbeitet habe. Der § 522 ist für mich natürlich auch ein Grund, zu sagen, ich habe möglicherweise nur noch eine Instanz in meinen Arzthaftungsfällen und von daher werde ich mich noch mal mehr im außergerichtlichen Bereich um meine Schadenregulierung bemühen, so sieht man mal, dass solche Gesetze sich auch so auf der Ebene auswirken und letzter Satz von mir ist, mein eigenes Versäumnis ist natürlich auch, das mache ich mir auch zu Eigen, eben doch öfter zum Telefonhörer zu greifen, auf die Gefahr hin, dass dann eben ein Anrufbeantworter läuft. Danke schön.

Ratajczak: Ich habe noch eine Ergänzung. Es gibt von Nestle eine Statistik, die leider nicht veröffentlicht wird. Die Alete-Leute machen jedes Jahr am Jahresanfang eine Umfrage an sämtlichen geburtshilflichen Abteilungen Deutschlands, wie viele Geburten sie im Vorjahr hatten. Das sind die einzigen verlässlichen Zahlen, die Qualitätsberichtszahlen stimmen alle nicht. Aber die stimmen, und diese gibt es immer als 10-Jahres-Statistik landesbezogen. Ich habe jetzt vor kurzem die 10-Jahres-Statistik Baden-Württemberg auf dem Tisch gehabt. Sie machen sich keinen Begriff, wie viele Kliniken in den letzten drei Jahren aus der Geburtshilfe schlicht ausgestiegen sind. Auch große Häuser mit dem Argument, es ist unbezahlbar geworden. Und das ist ein Trend, der angefangen hat Anfang 2000 und jetzt stark zunimmt. Und das sind die Fakten. Herr Teipel, wir haben in

Deutschland das System, das wir haben, und ich verlange eigentlich von der Rechtsprechung im Haftungsrecht, dass sie das schlicht zur Kenntnis nimmt und mit einkalkuliert. Wenn wir Krankenhäusern nicht zulassen, den Preis zu nehmen, den sie brauchen, unter anderem, um die Haftpflichtprämien adäquat kalkuliert zu bezahlen, dann müssen die Haftungssummen begrenzt werden, denn ansonsten schließen wir die Kliniken. Am Ende des Tages zahlt immer der Patient. Ob er nun zuwenig Personal hat, das spielt doch überhaupt keine Rolle. Der Patient zahlt. Aber es kann doch nicht sein, dass die Rechtsprechung diesen Prozess beschleunigt. Nichts anderes passiert seit Jahren.

Uphoff: Herr Ratajczak, ich kenne diese Nestle-Zahlen auch und wenn ich das richtig in Erinnerung habe, korrigieren Sie mich, wenn ich falsch liege, sind die Häuser, die geschlossen wurden, überproportional Häuser mit einem Sankt davor gewesen und überproportional Häuser gewesen mit geringen Entbindungszahlen.

Ratajczak: In Baden-Württemberg sind es fast alle kommunale Kliniken gewesen, von denen ich rede.

Hausch: Anhand der Zahlen von Herrn Petry hat man gesehen, dass auch die Regresse der Sozialversicherungsträger einen ganz ganz erheblichen Anteil haben. Und Herr Petry hat auch ausgeführt, dass die Zahlen der Regresse allein von den Anspruchsanmeldungen in letzter Zeit zunehmen und, das ist auch unsere Erfahrung, weiter zunehmen werden. Bei den Regressen der Krankenkassen handelt es sich wohl um ein Viertel. Die Versicherungsprämien werden von Behandlungskosten bezahlt, die die Krankenkassen bezahlen und die Krankenkassen holen sie sich im Regresswege zurück. Das heißt, man verschiebt letztendlich das Geld hin und her unter Einschaltung von Juristen und unter Belastung der Kliniken. Und wenn man diese Belastung reduzieren will, und das nicht unbedingt auf dem Rücken der Patienten möchte, in dem man deren Schadensersatzansprüche eingrenzt oder begrenzt oder dergleichen, dann frage ich mich, ob es nicht möglich wäre oder notwendig wäre, vielleicht über gesetzliche Wege, die Regessansprüche der Sozialversicherungsträger gegenüber den Krankenhäusern und den Ärzten einzuschränken, auszuschließen, wie man das auch immer macht. Das würde zumindest meiner Meinung nach in der Zukunft eine doch vielleicht spürbare Entlastung der Krankenhäuser auch wegen der Haftpflichtprämien bedeuten.

Behinderungsbedingter Pflege- und Betreuungsaufwand am Beispiel von Menschen im Wachkoma

Christel Bienstein

A. Einführung

Jedes Jahr erleiden Menschen so schwere gesundheitliche Beeinträchtigungen, dass sie länger als sechs Wochen in einem Zustand des Wachkomas verbleiben. Dieser Zustand wurde erstmalig von Gerstenbrand 1967 umfänglich wissenschaftlich untersucht. Der Zustand ist dadurch gekennzeichnet, dass bei diesen Menschen ihre Vitalfunktionen selbstständig funktionieren, sie in der Lage sind u.a. mittels der Veränderung der Atmung, des Pulsschlags oder des Blutdrucks ihr Befinden zum Ausdruck zu bringen, jedoch in allen alltäglichen Handlungen des Lebens vollständigen Unterstützungsbedarf haben. Besonders ihre Bewegungseinschränkungen und viele aus dieser Behinderung resultierenden Risiken erfordern einen umfänglichen Pflege- und Unterstützungsbedarf.

In den 60ziger und 70ziger Jahren war die geläufige Bezeichnung dieses Zustandes der Begriff „Apallisches Syndrom" welches „ohne Hirnmantel" bedeutet.

Aufgrund dieser oder der englisch gewählten Bezeichnung „ Vegetative State" verfestigte sich bei vielen Menschen der Eindruck, dass Menschen, die sich im Wachkoma befinden über keine Wahrnehmungsfähigkeit verfügen.

Inzwischen liegen umfängliche Studien vor (Zieger 2005, Ciarrettino 2005), die belegen, das Menschen die sich im Wachkoma befinden 1. nicht in diesem verbleiben müssen, sondern dass eine Remission bis zur vollständigen Genesung möglich ist und 2. selbst in der sehr ausgeprägten Form des Wachkomas in der Lage sind wahrzunehmen (Bock 1991, Schönle 1994, et al.).

Zeman (1996)[1] beschreibt eindrücklich mit welcher Vorsicht dieses Krankheitsbild zu betrachten ist:

„Wir gehen zwar davon aus, dass der Patient im [Wach]koma bewusstlos ist,
weil wir nicht mit ihm kommunizieren können,
sind uns aber darüber im Klaren,
dass wir über mögliche endogene Prozesse
nicht sehr viel wissen
und deshalb auch nicht absolut sicher sein können,
dass Erfahrungen der Umwelt
bei einem Patienten im [Wach]koma
ausgeschlossen sind“

B. Zustand von Menschen im Wachkoma

Eine genaue Anzahl von betroffenen Menschen konnte bisher nicht empirisch erhoben werden. Alle Versuche epidemiologische Daten zu erhalten scheiterten daran, dass das Krankheitsbild nicht vergleichbar exakt beschrieben ermittelt wurde. Da es sich nicht um einen statischen Zustand handelt, werden häufig auch noch Menschen, die bereits wieder in der Lage sind verbal zu kommunizieren oder sich durch Bewegungen mitzuteilen als Menschen im Wachkoma bezeichnet.

In der Wachkoma- Studie des Landes NRW (Bienstein, Hannich 2000) ebenfalls deutlich, dass Menschen als wachkomatös bezeichnet wurden, die bereits wieder in der Lage waren ihre Position im Sitzen oder Liegen zu verändern oder orale Nahrung aufnehmen konnten.

Daher kann man zurzeit nur davon ausgehen, dass ca 10.000 Menschen sich in Deutschland im Zustand des Wachkomas oder angrenzender Behinderung befinden. Dieses sind zumeist junge Menschen, die durch Fremd- oder Eigenverschulden sich in diesem Zustand befinden.
Ursachen sind zumeist:

- Schädel-Hirntraumen
- Hirnblutungen
- Sauerstoffmangel des Gehirns u.a. durch
  - Herzinfarkt
  - Ertrinkungsunfälle
  - Narkosezwischenfälle
  - Frühgeborene

[1] Adam Z.J.Zeman, Neurologe, University of Cambridge, 1996.

- Stoffwechselentgleisungen
- Atemwegsverschluss

Viele Ausgangssituationen sind dadurch gekennzeichnet, dass das Ereignis plötzlich auftritt. Die Betroffenen und ihre Angehörigen werden davon völlig überrascht. Von einer Minute auf die andere ist nichts mehr so wie es zuvor war. Eine klare Prognose kann nicht gestellt werden, Angehörige müssen ebenso wie die Professionellen zuwarten, wie sich der Zustand des Betroffenen verändert. Selbst nach Jahren geben Angehörige die Hoffnung nicht auf, dass sich der Zustand ihres erkrankten Angehörigern verbessert, zumindest aber, dass das was sie für ihn tun ihm gut tut.

Mehr als 70% von ihnen werden zu Hause gepflegte. Dieses zum einen, da die Angehörigen mit der pflegerischen Versorgung in den stationären Einrichtungen nicht zufrieden sind und zum andren, da die stationäre Versorgung hohe Kosten verursacht.

Inzwischen wissen wir, dass selbst bei bleibender schwerer Behinderung ein Leben über mehrere Jahrzehnte möglich ist. Viele Phasen des Wachkomas sind gekennzeichnet analoger schwerster körperlicher Behinderung. Häufig handelt es sich um einen relativ stabilen Zustand, der gleich bleibende Unterstützungsbedarfe erfordert, wie z.B. bei der

- Atmung
- Kommunikation
- Ernährung
- Ausscheidung
- Bewegung
- Wahrnehmungsförderung
- Schmerzerfassung
- Angstreduktion
- Spasmusreduktion

Menschen die ein Wachkoma durchlebt haben, berichten über angstbesetzte Situationen, da sie viele Handlungen, die mit oder an ihnen durchgeführt wurden nicht interpretieren konnten. Daraus leitet sich ab, dass jedes Vorgehen mit diesen Menschen einfühlsam und nachvollziehbar gestaltet werden muss.

C. Qualität der Versorgung von Menschen im Wachkoma

In der Wachkoma- Studie (2000) konnten klare Qualitätskriterien erarbeitet werden, die sowohl in der stationären, wie auch in der häuslichen Versorgung erfüllt werden müssen. Eine bedarfsgerechte Versorgung bedarf der Beachtung von drei verschiedenen Ebenen:

- der Kultur
- der Struktur
- der Aufgabenstellung

Dabei muss die Kultur des Umgangs mit diesen Menschen von Gleichberechtigung und Transparenz gekennzeichnet sein. Während die strukturellen Bedingungen eine kontinuierliche und regelmäßige Versorgung sicherstellen müssen, muss die Wahrnehmung der Aufgabenstellung durch hohe Fachlichkeit in der Versorgung und zielgerichteter Kooperation aller an der Versorgung Beteiligten geprägt sein. Die Ebenen können durch einzelne Indikatoren erfasst werden, die im Folgenden geschrieben werden.

I. Haltung und Verständnis

Die Grundeinstellung der betreuenden Personen entscheidet über die Qualität der Versorgung. Spiegelt sich eine stabile Basis bei den Betreuern wieder, die davon ausgeht, dass sie den Betroffenen als Person wahrnehmen , dass er über Fähigkeiten zur Weiterentwicklung verfügt, sowie sich mitteilen und ausdrücken kann, kann die Versorgungssituation deutlich verbessert werden.

Problematisch ist es, wenn dies nicht gegeben ist, dann nehmen besonders in der stationären Versorgung Defizite zu, wie

- sich nicht zuständig fühlen
- mangelnde Wahrnehmung des Betroffenen und seiner Angehörigen
- ritualisierte Handlungen
- Reduzierung der Angebote für den Betroffen auf wenige Grundbedürfnisse
- Schaffung einer Atmosphäre, die keinen Raum lässt für eigenes Wohnen und Leben
- fachliche Defizite in der Förderung der anvertrauten Menschen.

II. Beziehung/Begegnung

Grundlage der Beziehungsgestaltung ist die Voraussetzung, die zu betreuenden Menschen für wahrnehmungs- und gestaltungsfähig zu halten.
Gute Beziehungen wurden u.a. daran ersichtlich, dass

- über den Betroffenen und seine Fähigkeiten sich mitzuteilen Kenntnisse existieren
- auf seine Äußerungen eingegangen wird
- eine feste Bezugsperson vorhanden ist
- Seine Biografie bekannt ist und berücksichtigt wird
- Situationen so gestaltet werden, dass Momente der Überraschung, des Erschreckens und Schmerzen möglichst vermieden werden.

Diese Vorgehensweisen schaffen Raum für eine vertrauens- und beziehungsfördernde Basis des gemeinsamen Umgangs miteinander.

III. Angehörigenarbeit

Professionell Betreuende mit hoher Kompetenz, kennen die Bedeutung der Angehörigen und deren schwierige Situation, sowohl in Einrichtungen als auch im häuslichen Umfeld.
Dies zeigt sich daran, dass sie z.B.

- über Kontakte zu den Angehörigen verfügen, z.B. bevor der Betroffene in eine stationäre Einrichtung einzieht
- sich für ihre Situation interessieren und sich als Ansprechpartner anbieten
- die Belastungen so strukturieren, dass pflegende Angehörige diese bewältigen können
- über Wissen u.a. im Bereich des Krisenmanagements, der Hoffnungsförderung, der Trauerbegleitung verfügen und dieses anwenden
- über die Fähigkeit verfügen auf die Angehörigen zuzugehen, ihnen zuzuhören und sie nach ihrer Situation zu befragen
- die Angehörigen nur soweit in die Betreuung des betroffen Angehörigen einbeziehen, wie es ihnen möglich ist
- Angehörige nicht pathologisieren

Vielfach werden Angehörige unreflektiert in die Pflege einbezogen oder als Co-Therapeuten missbraucht. Angehörige stellen eigene Bedürfnisse vielfach zurück und erfahren zu wenig Unterstützung, um Raum für Erholung und eigene Lebensgestaltung zu erhalten. Die Wachkoma – Studie zeigte, dass alle beteiligten Familien bereits auf der Intensivstation zu wenig Unterstützung in der Bewältigung ihrer traumatischen Situation erfahren hatten. Sie entwickelten daraufhin ein distanziertes, kritisches Verhältnis zu den dort Arbeitenden und fühlten sich zunehmend mit ihren Sorgen in der existentiellen Bedrohung ihres Angehörigen allein gelassen.

IV. Dokumentation/Information/Planung

Während in Einrichtungen in unterschiedlichem Umfang dokumentiert wird, dokumentieren viele Angehörige in der Pflege ihres Angehörigen zu Hause gar nicht oder nur geringfügig ihr Vorgehen oder die Entwicklung des Betroffenen, da die Angehörigen, nach ihren Aussagen, alles „im Kopf" behalten. Häufig werden in der häuslichen Situation die beteiligten Therapeuten und Pflegenden über die Arbeit der jeweils anderen nicht informiert, was zur Folge hat, dass keine gemeinsame Zielsetzung oder Förderung/Unterstützung des Betroffenen und der Angehörigen erfolgen kann.

Besonders hilfreich wäre hier die Methode der Fallkonferenz, an der alle Beteiligten teilnehmen, um ihre Beobachtungen und Vorgehensweisen auszutauschen. Nach Rücksprache mit den Kostenträgern ist es häufig möglich hierfür eine Stunde Therapie- oder Pflegeleistung pro drei Monate anzusetzen.

Einrichtungen, die über eine gute Dokumentation, Information und Planung verfügen, zeichnen sich durch folgende Punkte aus:

- erheben einer biografischen Anamnese
- es ist ersichtlich wer die zuständigen Verantwortlichen sind
- der Betroffene wird täglich mit seinem Namen in der Dokumentation genannt und nicht „Bewohner" (Bew.) oder „Patient" (Pat)
- Informationen sind allen mitbetreuenden Personen sofort und zentral zugängig
- regelmäßige Absprachen und Fallkonferenzen finden statt
- das individuelle Verhalten des Betroffenen und nicht die Wiederholung von alltäglichen Aussagen steht im Mittelpunkt der Dokumentation
- eine Priorisierung der angestrebten Ziele ist ersichtlich
- eine vorhandene Förderplanung ist abgesprochen und koordiniert
- defizitäre Probleme spielen in der primären Erfassung eine untergeordnete Rolle
- Angehörige können regelmäßig Einblick in die Dokumentation nehmen.

All dies gibt einen Aufschluss darüber, ob und wie die Begleitung individuell auf den einzelnen Betroffenen zugeschnitten ist.

V. Mitarbeiter/Mitarbeiterführung

Neben der Dokumentation, muss die Qualifikation der Mitarbeiter erfasst werden. Festzuhalten ist, dass von einer Zusatzqualifikation, z.B. im Bereich der Intensivweiterbildung, nicht automatisch auf höhere Kompetenz in der Betreuung dieser Menschen geschlossen werden kann. Auch Personen, die über keine umfassende Ausbildung verfügten, aber sehr systematisch im Arbeitsfeld qualifiziert wurden oder sich selbst qualifiziert hatten, können gute Beiträge, wenn auch nicht verantwortlich, zur Versorgung dieser Menschen leisten. Auch die berufliche Kompetenz als Logopäden, Musiktherapeuten, Physiotherapeuten oder behandelnden Hausarzt führt nicht selbstverständlich dazu, dass alle in die Versorgung einbezogenen Personen über ausreichendes Wissen verfügen, um eine weitestgehend optimale Versorgung und Förderung des Klientel sicherzustellen. Hierzu müssen spezifische Kenntnisse in der Förderung von Menschen im Wachkoma vorliegen.

Als besonders sinnvoll zeigt sich, dass die betreuenden Personen sich aus einem gemischten Team zusammensetzen. In stationären Einrichtungen bedeutet das, dass Physiotherapeuten und Ergotherapeuten ebenso in den Wohngruppenalltag integriert sind wie Heilerziehungspfleger und Pflegende. Dadurch wird ein vielseitiges therapeutisches Angebot ermöglicht, das sich an den Bedürfnissen und Möglichkeiten der Betroffenen orientiert.

Strukturen wie die Deckelung des Budgets einer Arztpraxis, führen häufig zu einer reduzierten Bereitschaft diese Menschen zu betreuen und die für sie notwendigen Therapien oder Medikamente zu verschreiben. Weiterhin ist es erforderlich, dass eine Neueinschätzung der Entwicklung des Zustandes des Betroffenen stattfinden kann.

Die Art und Weise, wie Mitarbeiter gefördert und geführt werden lässt deutlich werden, ob die Betreuungssituation der Betroffenen erfolgreich gestaltet werden kann. Mangelndes Wissen über die notwendige Qualität der Versorgung von Menschen im Wachkoma durch die Geschäftsführung, der Pflegedirektion oder eines häuslichen Pflegedienstes führen meist zu einer inadäquaten Versorgungssituation.

Vielfach wird vermutet, dass Alteneinrichtungen nicht geeignet sind, diese Menschen zu betreuen. Diese Aussage kann in dieser Absolutheit so nicht aufrecht erhalten bleiben. Entscheidend ist, über welches Bild vom

Menschen im Wachkoma diese Einrichtungen verfügt und wie diesen Menschen und ihren Angehörigen begegnet wird.

So ist es selbst in Einrichtungen mit alter Bausubstanz möglich eine hervorragende Betreuung herzustellen, obwohl gerade die bauliche Substanz die Betreuung der betroffenen Menschen erleichtern und unterstützen kann. Demgegenüber kann nicht automatisch davon ausgegangen werden, dass in einer Einrichtung, nur weil ihre architektonische Gestaltung auf diese Zielgruppe zugeschnitten ist eine gute Pflege und Betreuung stattfindet.

Die Gestaltung der Betreuungszeiten zeigen, dass Menschen im Wachkoma unterschiedlich intensive Zeitintervalle bedürfen. Zeiten der Ruhe wechseln sich mit Zeiten der Aktivität ab. Um eine Normalisierung des Lebensalltags zu erreichen, ist es erforderlich, dass die Versorgung besonders in Einrichtungen so erfolgt, dass die Betroffenen zu einer üblichen Zeit am Frühstück, am Mittagessen oder an den gemeinsamen Aktivitäten teilnehmen können. Das erfordert eine gleichmäßige personelle Besetzung, damit diese gelingen kann. So müssen z.B. in der Zeit von 7.00 – 10.00 Uhr mehr Personen die Betreuung der Betroffenen übernehmen, damit die Chance besteht, dass alle bis 9.00 oder 10.00 Uhr mobilisiert sind und an einem gemeinsamen Frühstück teilnehmen können. Dieses betrifft auch Menschen, die mittels einer PEG-Sonde ernährt werden.

VI. Lebensgestaltung

Eine zentrale Dimension ist die der Gestaltung des Lebens und so auch des Alltags. Die Qualität ist umso höher, je mehr:

- ein Tagesrhythmus erreicht wird, der dem normalen Lebensalltag entspricht
- Alltag, Sonn- und Feiertage sich voneinander unterscheiden
- Jahreszeiten erlebbar gemacht werden
- die Nacht als Nacht erfahrbar gemacht wird
- biografische Festtage gestaltet werden
- Abwechselung durch gemeinsame oder einzelne Aktivitäten möglich sind
- nicht die Pflege und Therapie die Tageszeit dominieren
- an biografische Lebenserfahrungen in der Gestaltung des Lebens angeknüpft wird
- die Möglichkeit besteht, dem Betroffenen einen zweiten Lebensraum (z.B. regelmäßige Teilnahme in einer Gruppe, die nicht in der Wohngruppe stattfindet) zu ermöglichen.

Häufig finden sich hierzu in stationären Einrichtungen völlig unterschiedliche Qualifikationsniveaus wieder. Während einige Betroffene in das normale Familienleben integriert werden, z.B. mit in den Kuhstall genommen wurden oder den ersten Schnee im Winter erfahren können, verbringen andere alle Tage des Jahres damit, gewaschen, gelagert und „verpflegt“ zu werden.

So wurden in der Wachkoma-Studie Lebenssituationen gefunden, in denen Menschen seit Jahren immer die gleichen Sätze gesagt bekamen, immer die gleichen pflegerischen und therapeutischen Handlungen erhielten. Diese Form statischer Versorgung wird als konservierende Pflege bezeichnet, die die Menschen in dem gleichen Zustand hält, wie man ihn übergegeben bekommen hat.

Darüber hinaus konnten auch Zustände identifiziert werden, in der die Lebenssituation der Betroffenen noch negativer ausgeprägt war. Diese waren meist davon geprägt, dass es kaum noch ein Recht für den Betroffenen gab, das Bett regelmäßig zu verlassen. Anregungen wurden nicht mehr geboten, mit den Betroffenen wurde objekthaft gearbeitet.

Demgegenüber gibt es Einrichtungen, die persönliche Festtage, z.B. Geburtstage oder den Hochzeitstag zu einem Fest werden lassen und die Möglichkeit von Freizeitausflügen sowie die Teilnahme am Wochenmarkt oder Urlaub anbieten.

Grundlage dieser unterschiedlichen Qualität der Lebensgestaltung ist nicht nur der Faktor der personellen Besetzung sondern vor allem die Einstellung der mit diesen Menschen arbeitenden Menschen. Das bedeutet z.B., dass in einigen Familien oder Einrichtungen die sinnhafte Lebensgestaltung als wesentlicher erachtet wird als die tägliche Ganzkörperwäsche, die vielfach in einer nicht fördernden Handlung vollzogen wird und viel Zeit absorbiert, so dass oftmals keine Zeit mehrvorhanden ist den Betroffenen zu mobilisieren.

VII. Fachlichkeit

Menschen, die Menschen im Wachkoma betreuen, bedürfen spezifischer Kompetenzen, insbesondere Kompetenzen der

- Wahrnehmung
- Nonverbale Kommunikation
- Interpretation und Spiegelung
- Geduld
- Einfühlung.

Diese Kompetenzen bilden für alle Betreuer die Grundlage ihrer Arbeit.

Darüber hinaus ist es erforderlich, dass jede Berufsgruppe über eigene spezifische Kompetenzen des beruflichen Handelns verfügt und diese nicht verwässert werden, in dem Alle alles tun. Die Kompetenz aller Betreuer muss auf die Zielgruppe und die ihr eigenen Bedürfnisse ausgerichtet sein.

So müssen z.B. Konzepte der Orofaszialen Regulationstherapie ebenso bekannt sein, wie fördernde Möglichkeiten des Konzepts nach Affolter, der Basalen Stimulation oder der Kinästhetik. Grundlage jedes fachlichen Handelns ist die gezielte Erfassung der individuellen Situation des Betroffenen und die Entwicklung eines spezifisch auf ihn abgestimmten Förder- und Unterstützungskonzepts.

Hierbei stehen besonders Kompetenzen im Vordergrund, die die Entwicklung, Erfahrung und Förderung von folgenden Fähigkeiten ermöglichen:

- Kreislaufstabilität
- Bewegung und Kontrolle der Körperhaltung
- Schlucken, Kauen und Essen
- Unabhängige Atmung, z.B. ohne Trachealkanüle
- Möglichkeit einer selbstgesteuerten, erfahrbaren, nicht invasiven Ausscheidung
- Reduktion eines zu hohen oder Steigerung eines zu geringen Muskeltonus
- Erfahrung des eigenen Körpers und seiner Möglichkeiten
- Nutzung, Entwicklung und Unterstützung verschiedener Sinnesfähigkeiten.

Weiterhin müssen die Betreuenden über Kompetenzen verfügen, um mit folgenden Problemen situationsgerecht umgehen oder zu deren Vermeidung beitragen zu können, z.B.

- Panikattacken
- Stereotypien
- Herz- Kreislaufkrisen
- Atemstörungen
- Spasmen, Kontrakturen
- Schmerzen
- Myoklonien
- Zentrale Krampfanfälle
- Bakterielle und virale Infektionen, inkl. MRSA
- Haut- und Gewebeverletzungen.

Ein zentrales fachliches Kriterium ist, dass das betreuende Team über Konzepte verfügt, die den Betroffenen befähigen, möglichst unabhängig von verschiedenen Zugängen (z.B. PEG, Magensonde, parenterale Ernährung) leben zu können, um körperliche Beweglichkeit zu erreichen, die die Mobilität im Rollstuhl ermöglicht und Sekundärschäden verhindert.

Der Grad der „Außerbettigkeit", also der Zeit, die ein Betroffener außerhalb des Bettes verbringt, ist ein wesentliches Indiz, um über die Qualität der Betreuung eine Aussage treffen zu können.

Die systematische Ausstattung aller Betten mit Wechseldruckmatratzen weist häufig schon auf einen Mangel an Bewegungsveränderung hin.

Fachliche Angebote müssen besonders überprüft werden, damit ein passgenaues Angebot gemacht werden kann und nicht eine Über-, Unter- oder Fehlversorgung stattfindet.

Ein Marathon durch Therapien kann ebenso schaden wie ein Mangel an fördernden Angeboten.

Hohe Kompetenzen werden häufig bei den pflegenden Angehörigen sichtbar. Viele von ihnen werden zu Experten für ihren Angehörigen. Dies bezieht sich sowohl auf die Organisation des gesamten Betreuungsprozesses, wie auch auf die Interpretation seiner Bedürfnisse und die Förderung und Nutzung der Fähigkeiten des Betroffenen. Dass diese Kompetenz vorhanden ist, wird allerdings in unterschiedlicher Weise von den verschiedenen Berufsgruppen akzeptiert. Je nach dem Wissen und der Akzeptanz des Expertentums von Angehörigen darüber führt es zu einer positiven oder zu einer durch Krisen gekennzeichneten Zusammenarbeit.

D. Zusammenfassung

Menschen im Wachkoma bedürfen einer fachlich hochwertigen Pflege- und Betreuung, damit sie eine Chance haben in ihrer eingeschränkten Lebenssituation sich sicher und geborgen zu fühlen und u.a. Schmerzen nicht erleiden zu müssen.

Sie bedürfen spezifischer präventiver Maßnahmen, die den bestehenden Risiken, wie die Entstehung von Kontakturen, Entzündungen, Hautverletzungen, epileptischen Anfällen etc. entgegentreten. Weiterhin benötigen sie eine spezifische auf ihre jeweilige Situation abgestimmte Förderung.

Diese Rechte sind inzwischen in der Charta der Rechte hilfs- und pflegebedürftiger Menschen von dem Bundesministerium für Gesundheit und dem Bundesministerium für Senioren ratifiziert (2007) worden. Sie greifen all die oben genannten Aspekte auf und gehen u.a. auch auf die Rechte der Betroffenen ein, wenn sie sich im Sterbeprozess befinden.

Ein Leben im Wachkoma ist ein Leben in einer spezifischen Lebensform und kann nicht gleichgesetzt werden mit dem Sterbeprozess, der sich durch klar zu beschreibende Kriterien auszeichnet, wie dem, dass der Sterbeprozess dadurch gekennzeichnet ist, dass alle Maßnahmen die getätigt werden, den Tod des Betroffenen nicht aufhalten.[2]

[2] Abt-Zegelin, A.(Hrsg.), Fokus: Intensivpflege, Hannover 2004; Bienstein, Ch. Fröhlich, A. (Hrsg.) Bewußtlos - Eine Herausforderung an Angehörige, Pflegende und Ärzte, Düsseldorf 1994; Bienstein, C.; Hannich, H.-J., Förderungs- und Lebensgestaltungskonzepte für Wachkoma- und Langzeitpatienten, Dorsten 2001; Nydahl, P.(Hrsg.), Wachkoma, 2. Aufl. München 2007; Zieger, A. ; Schönle, M. (Hrsg.), Neurorehabilitation bei diffuser Hirnschädigung, Bad Honnef 2004; www.bmg.de/charta; BMG-P-007 006, Charta der Rechte hilfe- und pflegebedürftiger Menschen.

Frühzeitige Förderung der Rehabilitation: Eine Abwehr des Versicherers zur Schadensbegrenzung/Risikoabwehr?

Ursula Wandl

A. Reha-Management – der Bedarf

Hinter jedem Personenschaden steht das Schicksal eines Menschen. In dem speziellen Fall der Arzthaftung kommt zum (vermeintlichen) Schaden noch der Verlust des Vertrauensverhältnisses zwischen Patienten und behandelndem Arzt hinzu – so die Arzt-Patient-Kommunikation nicht hinreichend verständnisvoll und feinfühlig war. Die notwendige haftungsrechtliche Klärung zieht sich zudem über einen längeren Zeitraum hin: nach Aussagen der Begutachtungsstellen der Ärztekammern im Durchschnitt bis zu 18 Monate. Während dieser Zeit erhält der Geschädigte die erforderlichen Heilbehandlungen, die den Schaden minimieren sollen. Je nach Schwere der iatrogenen Folgen müssen sich der Geschädigte oder dessen Angehörige an die veränderte Situation adaptieren und lernen, sie zu akzeptieren. Dieser Prozess wird häufig dadurch beeinträchtigt, dass der Betroffene aufgrund der Schwierigkeiten, zu seinem Recht zu kommen, leicht eine verhärtete Vorwurfshaltung entwickeln kann.

Das bestehende Gesundheitssystem gewährt eine qualitativ hochwertige Versorgung der Bevölkerung. Beklagt wird dabei jedoch, dass es den behandelnden Ärzten an Zeit mangelt und sie zu spezialisiert sind, sodass sich der Patient nicht rundum ausreichend wahrgenommen fühlt. Die Rehabilitationsmedizin verfolgt einen multidimensionalen Ansatz, in dem die Bedürfnisse des Menschen in den Mittelpunkt gestellt werden. Einen großen Einfluss auf den Genesungsprozess hat darüber hinaus die psychische Verarbeitung des Schadens. Sie bedarf häufig einer frühzeitigen professionellen Unterstützung. Des Weiteren sind für die Genesung der Ort und die Art der medizinischen Versorgung von großer Bedeutung, ebenso die Qualität und der Zeitpunkt der rehabilitativen Maßnahmen. Der Geschädigte muss individuell beraten werden, seine Wünsche sind mit in die Planung einzubeziehen. In den verschiedenen Institutionen, in denen der Patient behandelt wird, stehen ihm die Spezialisten jeweils meist nur für einen begrenzten Zeitraum zur Verfügung. Zudem ist der Betroffene häufig überfordert, wenn es um die zeitgerechte Planung der rehabilitativen Maßnahmen oder um neu orientierende Entscheidungen geht. Ein kompetenter Ansprechpartner in Fragen der medizinischen, sozialen und beruflichen Rehabilitation wäre der geschädigten Person also eine große Hilfe. Denn eine kontinuierliche Wegbegleitung leistet gegenwärtig keine der involvierten Fachkräfte oder Institutionen.

Aus diesen Überlegungen heraus wurde der medizinisch-berufskundliche Beratungs- und Reintegrationsdienst ReIntra zur Wiedereingliederung von Unfallopfern gegründet. Die langjährige Erfahrung kann nun auch auf Geschädigte aus dem Heilwesen übertragen werden.

B. Vorgehensweise des Rehadienstes ReIntra

Der 1996 ins Leben gerufene medizinisch-berufskundliche Beratungs- und Reintegrationsdienst betreut Erkrankte oder Verunfallte aus den Bereichen der Lebens-, Kraftfahrzeughaftpflicht- und Unfallversicherung. Vermehrt gehen mittlerweile auch Aufträge aus dem Heilwesen ein. Die Patienten werden kurzfristig nach dem Ereignis betreut mit dem Ziel einer medizinischen Rehabilitation und langfristig einer sozialen und beruflichen Wiedereingliederung. ReIntra betreut Patienten mit Verletzungen jeglicher Art, vor allem, wenn Dauerschäden zu erwarten sind oder eine Tätigkeit im bisherigen Beruf nicht mehr möglich ist. Beauftragt wird ReIntra von Versicherungsgesellschaften; diese tragen auch die Kosten für den Dienst. Der Dienst nimmt den Auftrag an, wenn der Geschädigte sein Einverständnis erklärt hat. Sobald seine Schweigepflichtentbindungserklärung vorliegt und der betreuende Rechtsanwalt zugestimmt hat, nimmt der Dienst seine Tätigkeit auf. Die Hauptaufgaben des Rehadienstes liegen im Zeit-, Optimierungs- bzw. Qualitäts- sowie im Informationsmanagement.

Die Rolle der Koordination und die Wegbegleitung der Geschädigten übernimmt ein Team, das aus einem Mediziner und einem berufskundlichen Berater besteht.

Die Ärzte rekrutieren sich aus den verschiedensten medizinischen Fachgebieten wie Innere Medizin, Hämatologie und Onkologie, Chirurgie und Unfallchirurgie, Betriebsmedizin, Orthopädie, Psychiatrie, Rehabilitationsmedizin, Neurologie, Kinderheilkunde sowie Allgemeinmedizin. Außerdem werden sozialmedizinische Kompetenzen abgedeckt und solche der neuropsychologischen Rehabilitation sowie des Pflegemanagements. Die Mediziner fungieren als spezialisierte Generalisten und bringen Verständnis und ein besonders ausgeprägtes Einfühlungsvermögen für Patienten mit schweren Langzeitschäden mit. Darüber hinaus steht ein dichtes Netz an Spezialisten aus anderen medizinischen Fachgebieten zur Verfügung (z. B. Physiotherapie, Ergotherapie, Logopädie). In dieses Netz eingewoben sind auch Universitäten und hoch spezialisierte Rehabilitationsskliniken.

Die berufskundlichen Berater verbinden Kenntnisse und Fähigkeiten von Sozialarbeitern und Berufsberatern. Sie haben nach ihrer Berufsausbildung ein Fachhochschulstudium absolviert. Als langjährige Berater von Arbeitnehmern und Arbeitgebern konnten sie ihre interdisziplinären Kenntnisse anwenden und dabei kontinuierlich weiterentwickeln. Schwerpunkt der berufskundlichen Tätigkeit ist die Betreuung der Geschädigten bei allen Fragen des Arbeitsmarktes, besonders in Zusammenhang mit Schule, Ausbildung, Fortbildung oder Umschulung – mit dem Ziel einer beruflichen Eingliederung. Die Berufskundler bei ReIntra können auf ein großes Netzwerk zurückgreifen, ein Netzwerk von Kontakten zu Institutionen, Behörden und Betrieben, das laufend gepflegt und erweitert wird.

Die Patienten werden in drei Phasen betreut:

In Phase I werden die medizinischen Akten studiert. Danach wird Kontakt mit dem Patienten und den behandelnden Ärzten aufgenommen, aber auch mit dem Rechtsanwalt, den Angehörigen, Schadenregulierern usw. Ziel dieser Phase ist es, eine Prognose für eine Wiedereingliederung zu erstellen. Zudem wird ein erster Besuchstermin mit dem Unfallopfer vereinbart.

In der zweiten Phase soll zunächst eine Vertrauensbasis geschaffen werden; daher steht hier das persönliches Gespräch im Vordergrund. Das multidimensionale Assessment hilft dem Berater, sich ein umfassendes Bild von der aktuellen Situation des Unfallopfers zu machen. Dazu werden alle Informationen zum körperlichen und psychischen Befinden des Patienten, zu seinem sozialen und ökonomischen Status sowie alle noch ausstehenden medizinischen Daten und weitere Informationen gesammelt, die für das Gesamtbild der Lebensumstände des Patienten von Bedeutung sein können. Gemeinsam legen Patient, Mediziner und Berufskundler das weitere Vorgehen fest. Ziel der Phase II ist es, ein für den Patienten optimiertes Rehabilitationskonzept für die kommenden Monate oder Jahre zu erarbeiten.

Phase III besteht vorrangig darin, die Wegbegleitung für den Geschädigten zu leisten. Die berufskundlichen Berater und auch die Mediziner übernehmen hier verstärkt die Rolle von Koordinatoren. Sie sind Vertrauensleute und Ansprechpartner für die Patienten und helfen bei allen anstehenden Problemen. In besonderem Maße bedarf es der Betreuung nach Klinikaufenthalten oder wenn sich die medizinischen, sozialen oder beruflichen Gegebenheiten verändern. Das ReIntra-Team unterstützt aber auch dann, wenn sich die Betroffenen damit überfordert fühlen, Formulare auszufüllen oder verwaltungstechnische Vorgänge abzuwickeln.

Zu Beginn der Betreuung (im Mittel ca. eineinhalb Jahre nach dem Unfallereignis) bestehen meist noch schwerwiegende gesundheitliche, berufliche und/oder soziale Probleme. Die Patienten, die von den Versicherungsgesellschaften für diese Betreuung ausgewählt werden, zeichnen sich meist durch zwei Gemeinsamkeiten aus: Zum einen weisen sie komplizierte Krankheitsverläufe auf, und zum anderen sind ihre Aussichten auf eine berufliche und soziale Wiedereingliederung eher gering. Im Gegensatz zum herkömmlichen medizinischen, rehabilitativen und sozialen System werden die Patienten über einen Zeitraum von durchschnittlich zwei Jahren kontinuierlich von denselben "Personenschaden-Managern" betreut. So ist es möglich, eine unter Umständen gerade in die Wege geleitete Wiedereingliederung zu stabilisieren, wo dies nötig ist, und einen Langzeiterfolg herbeizuführen.

Die Erfahrungen mit den polytraumatisierten Patienten haben gezeigt, dass sich bei den langzeitbetreuten Patienten nach einer mittleren Betreuungsdauer von 25 Monaten bereits etwa die Hälfte der Unfallopfer in einer Umschulung bzw. Berufsfindungsmaßnahme befand und über ein Drittel der Patienten bereits in einer vollschichtigen Berufstätigkeit. Insgesamt gesehen ist nach dem Abschluss der Betreuung durch ReIntra jeder Zweite wiedereingegliedert. Diese Zahlen verdeutlichen, dass der medizinisch-berufskundliche Beratungs- und Reintegrationsdienst in der Lage ist, bei dem Kollektiv der schwerstverletzten Unfallopfer eine hohe Wiedereingliederungsrate zu realisieren. Es ist sicher der hohen Fach- und Sozialkompetenz der Mitarbeiter zuzuschreiben, dass dieser Dienst von den Geschädigten, aber auch von Anwälten, Medizinern und anderen Personen, die in den Rehabilitationsprozess involviert sind, in hohem Maße angenommen wird.

C. Frühzeitigkeit in der Rehabilitation

Für das Kollektiv der iatrogen geschädigten Patienten gilt ebenso wie bei den Unfallopfern, dass sie plötzlich und unfreiwillig geschädigt wurden und daraus schwerwiegende Folgen resultieren. Sowohl der Betroffene selbst als auch sein Umfeld haben meist Probleme, mit der neuen Situation zurechtzukommen. Das versorgende System ist zudem zu wenig koordiniert und betrachtet den Patienten nicht in seiner Gesamtheit. Eine Besonderheit dieses Kollektivs ist, dass die Schädigung durch eine Vertrauensperson erfolgt ist und dadurch ein Vertrauensbruch vorliegt. Daraus resultieren vielmals große psychische Störungen, die sich auf unterschiedliche Weise manifestieren. Die Traumaverarbeitung ist besonders schwierig und bedarf einer adäquaten professionellen Vorgehensweise. Hinzu kommt, dass der Patient zu seinem Recht kommen will und die langwierigen Prozesse bis zur Haftungsklärung nicht verstehen kann bzw. akzeptieren will. Er fühlt sich insbesondere bis zum Abschluss der Haftungsklärung und auch darüber hinaus alleine gelassen.

D. Erfahrungen aus dem Heilwesen

Am Beispiel zweier von ReIntra betreuten Fällen wird der Bedarf an Rehamanagement für das Heilwesen verdeutlicht.

Bei Fall 1 handelt es sich um ein 18 Monate altes Kind mit zerebraler Bewegungsstörung, Epilepsie, schwerer Entwicklungsstörung sowie ausgeprägten Regulationsstörungen (Tag-Nacht-Rhythmus, Fütterstörung und unkontrollierten Schreiattacken) infolge eines Geburtsschadens. Der Besuch, den ReIntra der Familie abstattete, hat ergeben, dass die Mutter überfordert war – Erschöpfungssyndrom und psychische Probleme eingeschlossen. Es offenbarte sich ein Partnerschaftsproblem und Hilflosigkeit hinsichtlich notwendiger Therapien. Nachdem ReIntra mit der Familie ein Vertrauensverhältnis hat aufbauen können, wurde veranlasst, eine zusätzliche Betreuungsperson anzulernen und andere Familienmitglieder in die Pflege der Kindes einzubeziehen. Darüber hinaus wurde ein strukturiertes Therapiekonzept und Förderprogramm für das Kind entwickelt. Um die Epilepsien des Kindes zu therapieren, wurde eine spezialisierte Behandlungseinrichtung ausfindig gemacht und in Anspruch genommen. Die Hilfsmittelversorgung wurde optimiert. Schnell konnte eine konfliktfreie Zusammenarbeit zwischen Familie, Anwalt und ReIntra erzielt werden. Die Familie wird kontinuierlich weiterbetreut, um die bestmöglichen Entwicklung des Kindes zu gewährleisten und die Stabilität der Familie zu erhalten.

Fall 2 zeigt eine 77-jährige Patientin, die im Zuge einer Routine-OP einen Hirninfarkt erlitten hat. Postoperativ kam es zu einer Halbseitenlähmung, neuropsychologischen Defiziten, globaler Aphasie und psychosomatischer Unruhe sowie kompletter Inkontinenz. Beim Besuch fand ReIntra erhebliche familiäre Konflikte zwischen Ehemann und Sohn vor, die sich auf die Mitarbeiter in der Pflegeeinrichtung übertrugen und den Verbleib der Patientin dort gefährdeten. Die Krisenintervention von ReIntra konnte erreichen, dass die Patientin im Pflegeheim bleiben und die gute medizinische und pflegerische Versorgung fortgesetzt werden konnte. Zusätzlich wurde die Therapie optimiert. Die Familie wird weiterhin betreut, um die Lage noch mehr zu stabilisieren; dies wird für einige Zeit andauern.

E. Diskussion

In beiden Fällen wurde eine bereits sehr kritische Situation vorgefunden. Größerer Schaden konnte aber abgewendet werden, da unverzüglich der Reintegrationsdienst eingeschaltet worden war. Beide Fälle zeigen, wie wenig die Familienmitglieder ohne kompetente Hilfestellung von außen der Situation gewachsen sein können: Daher besteht dringender Handlungsbedarf. Nur durch die schnelle Unterstützung kann verhindert werden, dass weitere immense Kosten entstehen.

F. Fazit

- Es besteht – ähnlich wie bei Unfallopfern – auch im Heilwesen ein Betreuungsbedarf. Voraussetzung dafür, einen Rehadienst einzuschalten, ist das Einverständnis von Betroffenem und Anwalt.
- Frühzeitig den Rehadienst einzuschalten, der in der Kommunikation eine neutrale Rolle spielt und problembezogen und koordiniert zwischen den Beteiligten agiert, ist dringend erforderlich und führt zu emotionaler Entlastung von Betroffenem und Angehörigen.
- Den Rehadienst später einzuschalten, ist zwar immer noch sinnvoll, allerdings liegen dann erschwerte Bedingungen vor. Handlungsabläufe können wegen verkrusteter Strukturen und verhärteter Ansichten und Vorbehalte schwerer gesteuert werden.
- Die Länge des Verfahrens verstärkt die Vorwurfshaltung des Geschädigten und führt zu einer Desorientierung.
- Einen Bedarf an Offenheit haben alle: Versicherungen, andere Kostenträger, Geschädigte, Angehörige, Anwälte, Ärzte.

Im Falle einer geklärten Haftungslage ist es unstrittig, dass die Einschaltung eines Rehadienstes sinnvoll und gewinnbringend für alle Beteiligten ist. Eine besondere Schwierigkeit besteht bei Fällen mit ungeklärter Haftung. Denn hier ist der Zeitverlust oft zu groß und nicht wieder gutzumachen. Daher postulieren wir, auch bei Verdacht auf einen Arzthaftpflichtschaden mit schwerwiegenden Folgen frühzeitig den Rehadienst einzuschalten. Dies erscheint uns sinnvoll und machbar. Was die dadurch entstehenden Kosten angeht, bedarf es allerdings noch kreativer Lösungen.

4. Diskussion

Uphoff: Vielen Dank Frau Prof. Bienstein für den beeindruckenden Vortrag. Eine kurze Anschlussfrage in Ergänzung auch zu dem Vortrag von Frau Dr. Wandl. Wie wichtig ist denn Ihrer Meinung nach die früheinsetzende Reha und auch die frühzeitige Information der pflegenden Angehörigen, also das, was Frau Dr. Wandl da auch als frühzeitiges Case-Management bezeichnet hat. Wie wichtig ist das aus Ihrer medizinischen Sicht?

Bienstein: Man muss ganz klar sagen, je früher, desto besser. Ganz dringend erforderlich ist, direkt auf der Intensivstation schon mit der Rehabilitation zu beginnen und das können ganz viele kleine Details sein, aber je früher man einem Menschen die Möglichkeit gibt, ihn sehr systematisch unterstützend zu fördern, desto mehr und langfristigere Auswirkungen hat das ganze. Und die Familien, es gibt gerade bei uns jetzt eine Dissertation von einer Autorin, die hat die Familien dieser Wachkomapatienten sehr genau begleitet und hat die Karrieren dieser Familien untersucht. Und es ist schon erschreckend, wie viel diese Menschen alleine tun müssen, das also zu wenig Aufklärung auch in der Akutsituation passiert und dann auch sogar bis hin in die Rehabilitation noch zu wenig Aufklärung erfolgt und das führt natürlich dann auch viel zu Fehlsteuerungen für den Betroffenen selbst.

Smets, AXA Versicherung: Wer beschränkt das Recht nur dreimal in 80 Tagen aufzustehen? Wird es nur nicht bezahlt oder habe ich das nicht richtig verstanden?

Bienstein: Also ich möchte berichten von dem Arbeitskreis, ich war ja in dieser Charta-Gruppe und da ging es darum, den Satz aufzunehmen „Ich habe das Recht, an die frische Luft zu kommen.“ Das hat dazu geführt, dass die Wohlfahrtsverbände die Charta nicht unterschrieben haben, weil sie sagen, sie können in ihren Einrichtungen nicht sicherstellen, dass Menschen das Recht haben, an die frische Luft zu kommen. Das Fenster öffnen ja, aber nicht an die frische Luft. Und bis heute, die Charta ist inzwischen veröffentlicht, bin ich sehr dankbar und bin auch Ulla Schmidt dankbar, dass sie das gemacht hat mit Frau von der Leyen, aber die Wohlfahrtsverbände haben sie nicht unterschrieben, weil sie sagen, wir haben die personelle Kapazität nicht.

Smets: Könnte es denn durch private Bezahlung oder durch den Versicherer ggf. geregelt werden? Ich denke, dass ein solcher Mensch einen größeren Anspruch hat, wenn ein Schadensersatzanspruch dahinter steht, als sich nur dreimal in 80 Tagen außerhalb des Hauses zu begeben. Kann es denn durch Bezahlung geregelt werden?

Bienstein: In einigen Einrichtungen der Altenhilfe, wo sich auch diese Menschen im Wachkoma befinden, haben die Träger das so organisiert, dass sie enorm Kraft reingesetzt haben in ein ehrenamtliches Engagement und dass sie Personen gewonnen haben, die sie unterstützen. Das liegt eben vielfach auch an der Gemeinde, auch wie der Bürgermeister das mit vertritt, wie das der Pastor mit vertritt, also es muss ein gutes Netzwerk geben. Aber erstmal muss überhaupt dies Bedürfnis anerkannt werden. Und wir haben natürlich auch vielfach Situationen, wo sowohl von Seiten der normalen Pflegeversicherung in Absprache, also wirklich abgesprochen wird, dass das sinnhaft sei, jemand nach draußen zu bringen. Wir haben nur ganz wenige Spezialeinrichtungen in Deutschland, die eine andere personelle Ausstattung haben und zwar deshalb, weil sie natürlich auch eine andere Finanzierung haben. Und die können das sicherstellen. Aber ansonsten, wenn Sie ganz normal zu Hause sind, das muss alles die Familie dann entweder selber machen, ein häuslicher Pflegedienst kriegt das nicht bezahlt, Sie nach draußen an die frische Luft zu bringen. Das sieht überhaupt die Pflegeversicherung nicht vor und wir hoffen ja jetzt sehr durch die Neudefinition des Pflegebedürftigkeitsbegriffes, der im nächsten Jahr endlich dann greifen soll, werden wir auch eine völlig neue Bemessungsrichtlinie bekommen, die also vor allem soziale Bedürfnisse und kognitive Bedürfnisse dieser Menschen umfänglicher abbilden wird.

Makiol: Herr Smets, ich finde Ihre Frage bemerkenswert. Ich gehe davon aus, dass Sie dann darüber nachdenken, in solchen Fällen ggf. als Versicherer zu sagen, wir zahlen mehr. Aber ich kann Ihnen sagen aus der Praxis, wir haben die Fälle, wo die Versicherung sagt, da müssen Sie sich an die Pflegekasse, an die Krankenkasse halten, an das Heim, das ist organisiert, das ist notwendig und ausreichend, wir zahlen nicht mehr. Also wir haben diesen Kampf jetzt gerade zu führen, wo die Mutter meines Mandanten täglich ins Pflegeheim geht, um ihn durchzubewegen, weil das nicht geschafft wird. Die Anzahl der Pflegekräfte auf der Station hat sich von ursprünglich mal vier auf zwei reduziert und davon ist eine noch auszubildend. Und in der Nacht betreuen zwei Personen oder manchmal auch nur eine vier Stationen mit jeweils zwölf Patienten. Das ist ein Punkt, über den wir uns sicherlich in Zukunft häufig unterhalten werden, denn die Sozialversicherungsträger sagen, ausreichend zweckmäßig und wir kommen dann und sagen den Haftpflichtversicherern, da müsst ihr eine Schippe drauflegen.

Uphoff: Ist es nicht so, dass die gut informierten angelernten pflegenden Angehörigen die besten Pfleger für den Behinderten sind? Und ist es nicht auch so, dass, wenn die Patienten, die Behinderten, dann stationär teilweise oder dann möglicherweise auch ganz aufgenommen werden, auch die Angehörigen mit eingebunden werden für die Pflege dieser Person?

Bienstein: Also das ist sehr unterschiedlich. In vielen Fällen, das muss man sagen, wahrscheinlich in der überwiegenden Zahl, wir haben eben dazu keine klaren Daten, ist es gut, dass die Angehörigen die Pflege übernehmen. Und trotzdem brauchen Sie diese Unterstützung. Aber was nicht gesehen wird, und das ist ganz ganz dramatisch, es wird nicht gesehen, was das für die Familie bedeutet. Wir haben Kinder, die mitgeschädigt werden, Geschwisterkinder, die mitgeschädigt werden. Ich weiß um eine Familie z.B. aus dem Aachener Raum, wo der Kleine, der 7-jährige, schwer verunfallt ist. Als die vierjährige gestürzt ist mit dem Fahrrad, ich war selbst dabei, und sie kam wirklich mit blutenden Knien rein, und hat geweint. Da hat die Mutter darauf geantwortet „Jetzt guck mal, wie es dem Christoph geht, Dir geht es doch eigentlich gut." Und Sie können sich vorstellen, welche Folgeschäden aus solchen Sachen entstehen und wir müssen dringend – dringend! – den Blick auf die Familie richten, dass diese Unterstützung erfährt, wenn sie sich bereit erklären, das zu tun. Also es ist ein hohes Gefahrenpotential. Ich habe eine Studentin allein nur gebeten, diese Berichte auszuwerten in den Tageszeitungen, wenn da drinsteht, Vater erschoss sich mit behindertem Sohn. Und sie kommen immer auf furchtbare Pflegeverläufe, wo Menschen nachher ganz ganz einsam waren und alleingelassen wurden mit einem unfähigen Pflegebedarf.

Uphoff: Sie betreten jetzt natürlich aus juristischer Sicht das Feld des Angehörigenschmerzensgeldes und ich denke mal, da müssen wir viel diskutieren. Letztendlich ist es wohl nicht durchzusetzen.

Wandl: Ich würde die Frage genauso beantworten wie Sie. Das ist auf jeden Fall sehr unterschiedlich, also man kann nicht global sagen, jede Versorgung zu Hause ist die bessere, eben auch, wenn man berücksichtigt, dass die Angehörigen ja in irgendeiner Weise in einem Netzwerk einigermaßen funktionieren müssen. Ich würde vielleicht, Frau Dr. Maurer bitten, zu dem Thema Pflege und alles was dazu gehört, kurz mal Stellung zu beziehen, denn sie kann das besser aus der Praxis beantworten.

Maurer, ReIntra Unterföhring: Ich glaube, das geht auf einen Fall zurück, den wir vorgestellt hatten. Den Fall, den wir vorgestellt hatten mit der schwer erschöpften Mutter bei dem schwer behinderten Kind. Wir gehen im Case-Management dann genauso hinein, dass wir natürlich sehen, wie wichtig die Erschöpfung der Mutter ist, wie wichtig aber auch andererseits die häusliche Versorgung ist. Und ich bin der Meinung, Pflege von Angehörigen ist wichtig, Angehörige können nicht ausschließlich pflegen, es darf eine gewisse Intimsphäre auch letztlich sogar auch für den Wachkoma-Patienten geben. Wir haben dort eine Pflegekraft zur Unterstützung der Mutter mit hineingebracht, die nicht unbedingt immer Fachkraft sein muss, die aber natürlich in der richtigen Institution angelernt werden muss. Was dazu geführt hat, dass die Mutter jetzt eine gewisse Entlastung erfahren hat und der Vater eigentlich über die Pflegekraft auch wieder dazu kam, sich an das Kind zu trauen. Also ich denke, Pflegekonzepte müssen sehr individuell aufgebaut sein, es braucht Spezial-Pflegepersonen natürlich, es braucht Anleitungen der Angehörigen, damit der ganz wichtige Punkt, wie Sie gesagt haben, ganz frühzeitig in den Fall, damit man die Angehörigen bereits in der Klinik anlernen kann und dann muss man dieses Case-Management zuhause ausreichend lange begleiten. Noch mal betonend, Angehörigenarbeit steht da im Mittelpunkt, dazu gehört aber auch, Zeit zu haben, den Angehörigen zuzuhören und diese Zeit können wir uns Gott sei Dank nehmen. Wenn das System dann steht, dann kann man den Fall wieder verlassen, und was zuhause pflegt, sind natürlich ganz unterschiedliche Modelle. Wir haben Assistenzmodelle, die dann natürlich auch in eine Kostenebene kommen, wo qualitativ gute Pflege auch kostenmäßig über lange Zeit bezahlbar ist. Und Gott sei Dank können wir das in den Haftpflichtfällen natürlich auch machen, weil wir uns dann über die Reglementierung hinsichtlich der frischen Luft in 80 Tagen hinwegsetzten dürfen.

Uphoff: Vielen Dank Frau Dr. Maurer. Herr Smets, Sie hatten noch einen Beitrag anknüpfend an die erschöpfte Mutter, die mehrfach jetzt hier zitiert wurde. Würde das denn bedeuten, dass die AXA demnächst der Mutter einen zweiwöchigen Erholungsurlaub zahlt?

Smets: Ich wollte eigentlich an den Herrn Makiol anknüpfen, aber das deckt sich vielleicht auch. Der zivilrechtliche Schadensersatzanspruch geht bekanntlich über die Pflegeleistungen oder die Leistungen der Pflegekassen hinaus. Und da ist es für mich selbstverständlich, dass es in derartigen

Fällen eine häufigere Wendung als drei oder Ausführungen eines Patienten als dreimal in 80 Tagen zusteht und bezahlt werden muss. Also da gibt es überhaupt kein Vertun und was den Erholungsurlaub für Pflegepersonen betrifft, der wird ja zum Teil auch von den Krankenkassen bezahlt. Und soweit es darüber hinaus erforderlich ist, auch zum Wohl des Kindes, wird es auch von den Versicherungen getragen. Aber das findet natürlich seine Grenzen, wie wir heute morgen gehört haben, wenn es Schikane annimmt und jeder meint nun, absolut, sich die Taschen voll stopfen zu können, das geht nicht. Aber im vernünftigen verständlichen Rahmen denke ich, sind da Versicherer auch in der Verpflichtung, solchen Menschen und Angehörigen zu helfen. Das umfasst der Schadensersatzanspruch.

Uphoff: Danke schön Herr Smets. Wir kommen gerne darauf zurück. Sind noch Fragen, Anmerkungen, Statements, Co-Beiträge. Wenn das nicht der Fall ist, bedanke ich mich noch mal bei Ihnen beiden für die sehr engagierten Vorträge. Der gefüllte Saal zeigt mir, dass die Veranstaltung bis 17,15 h gelungen war. Ich versuche ein kurzes und knappes Resümee zu ziehen. Was können wir heute mitnehmen und mit in die konkreten Schadensberechnungen für die nächsten Wochen mit einbauen? Zumindest ich habe gelernt, dass Delfin-Therapie keine Schikane ist, solange das Kind nicht nur lächelt. Ich habe auch gehört, dass möglicherweise über Pflegebedarfsgruppen eine gewisse Standardisierung der Schadensberechnung erreicht werden könnte. Ich persönlich denke, dass es diese von Ihnen, Herr Pardey, genannten Pflegebedarfsgruppen in der Praxis der Schadensregulierung schon gibt. in der Praxis der Schadensregulierung. Wir haben gehört, dass die anderen Europäer im Ergebnis die gleichen Probleme haben wie wir, das ist beruhigend. Wir haben auch gehört, dass unter dem Strich das Heilwesenrisiko zu teuer ist und wir haben wohl auch mitgenommen und genau gehört, dass der Blick in die Hack´sche Schmerzensgeldtabelle nicht ausreichend ist, sondern dass man wohl miteinander reden muss und sollte. Unter dem Strich, und das nehme ich auch mit, habe ich heute erfahren, dass die optimale Pflege nicht zwingend die teuerste ist und dass der Patient möglicherweise ReIntra braucht. Aber ich denke, nach dem letzten beeindruckenden Vortrag nehme ich auch mit, dass wenn man sich Wachkoma und Schwerstgeschädigte anschaut, die Bedeutung des Schmerzensgeldes noch mal offensichtlich wird und das wäre mein Appell an alle, dass bei den künftigen Schadensberechnungen eben nicht aus den Augen verloren wird, worum es geht. Es geht häufig um eine Menge Geld, aber ich denke, es geht vor allen Dingen auch um einen Schadensausgleich, soweit das im Arzthaftungsrecht überhaupt möglich ist. Ich bedanke mich für Ihre Teilnahme.

Teilnehmerverzeichnis

Ackermann, Hans-Joachim
GVV-Kommunalversicherung
Aachener Str. 952-958, 50933 Köln

Albrecht, Joachim
Ecclesia Versicherungsdienst GmbH
Klingenbergstr. 4, 32758 Detmold

Altemeyer, Susanne
Rechtsanwältin
Kleestr. 29a, 45359 Essen

Baumhackel, Monika
Rechtsanwältin
Moltkestr. 54, 74076 Heilbronn

Baxhenrich, Dr. Bernhard
Rechtsanwalt
Salzstr. 21 a, 48143 Münster

Benson, Dirk
Rechtsanwalt
Westenhellweg 40 – 46, 44137 Dortmund

Bienstein, Prof. Christel
Universität Witten-Herdecke
Stockumer Str. 12, 58452 Witten

Bock-Wehr, Rainer-Karl
HDI-Gerling Firmen und Privat
Versicherung AG
Kaiser-Wilhelm-Ring 3, 50672 Köln

Boss, Heidi
Rechtsanwältin
Fahrgasse 91 – 95, 60311 Frankfurt/Main

Braeutigam, Horst
Rechtsanwalt
Zehntstr. 1, 97421 Schweinfurt

Buchner, Prof. Dr. Benedikt
IGMR Bremen
Uni Bremen, Fachbereich 6
Postfach 330440, 28334 Bremen

Bücken, Michael
Rechtsanwalt
Brabanter Str. 2, 50674 Köln

Corinth, Annette
Rechtsanwältin
Heinrich-von-Kleist-Str. 4, 53113 Bonn

Cramer, Dr. Regine
Rechtsanwältin
Haumannplatz 28/30, 45130 Essen

Cramer, Dr. Sebastian
Rechtsanwalt
Neuer Wall 18, 20354 Hamburg

Dauer, Christa
Gothaer Allgemeine Versicherung AG
Gothaer Allee 1, 50969 Köln

Daun, Ekkehard
Rechtsanwalt
Fr.-Ebert-Str. 82 – 84, 42719 Solingen

Dautert, Dr. Ilse
Rechtsanwältin
Kastanienalle 20, 26121 Oldenburg

Decker, Klaus
Rechtsanwalt
L 14, 16 – 17, 68161 Mannheim

Demuth, Anni
Rechtsanwältin
Wilhelmshöher Allee 23, 34117 Kassel

Dymke, Dr. Andreas
Rechtsanwalt
Böhmerstr. 16, 54290 Trier

Elze, Renate
Rechtsanwältin
Landshuter Str. 22, 10779 Berlin

Fabian, Heinz-Peter
Rechtsanwalt
Seminarstr. 1 A, 49074 Osnabrück

Feifel, Dr. Eckart
Rechtsanwalt
Posener Str. 1, 71065 Sindelfingen

Freese, Holger
MDK Bayern
Putzbrunner Str. 73, 81739 München

Galster, Elke
Rechtsanwältin
Rathenaustr. 2, 30159 Hannover

Gelsheimer-Friedrichs, Stephanie
Rechtsanwältin
Niedenau 51, 60325 Frankfurt

Gerber, Tobias
Ecclesia Versicherungsdienst GmbH
Klingenbergstr. 4, 32758 Detmold

Getfert, Sandra
Ecclesia Versicherungsdienst GmbH
Klingenbergstr. 4, 32758 Detmold

Görbitz-Jakobi, Barbara
Rechtsanwältin
Bornefelder Str. 40, 42897 Remscheid

Grambow, Dr. Hans-Jürgen
Rechtsanwalt
Poststr. 25, 20354 Hamburg

Grunert, Eva-Christina
Rechtsanwältin
Frankfurter Str. 14, 64293 Darmstadt

Hassert, Dr. Esther
Rechtsanwältin
Rathausgasse 22 – 24, 53111 Bonn

Hausch, Dr. Axel
WGV Schwäbisch Allg. Versicherung AG
Tübinger Str. 43, 70178 Stuttgart

Havers, Dr. Roland
Rechtsanwältin
Ahseufer 1a, 59063 Hamm

Hein, Matthias
Rechtsanwalt
Nikolaistr. 27 – 29, 04109 Leipzig

Henkel, Dr. Thomas
Rechtsanwalt
Heinrich-von-Kleist-Str. 4, 53113 Bonn

Henneberg, Stefanie
Rechtsanwältin
Sebastianusstr. 2 – 4, 41460 Neuss

Herrmann, Hans-Georg
Rechtsanwalt
Geibelstr. 1, 66121 Saarbrücken

Hersch, Jürgen
Römerstr. 12, 53111 Bonn

Hertwig, Dr. Volker
Rechtsanwalt
Contrescarpe 10, 28203 Bremen

Heynemann, Jörg
Rechtsanwalt
Brunnenstr. 37, 10115 Berlin-Mitte

Hoff, Alexandra
Rechtsanwältin
Königsallee 14, 40212 Düsseldorf

Holtheide, Elisabeth
Rechtsanwältin
Himmelgeisterstr. 161, 40225 Düsseldorf

Hönig, Jörg
DBV Winterthur
Frankfurter Str. 50, 65171 Wiesbaden

Hüwe, Dirk
Rechtsanwalt
Westenhellweg 40 – 46, 44137 Dortmund

Ileri, Dr. Atilay
Rechtsanwalt
St. Urbangasse 2, CH-8001 Zürich

Jaklin, Johannes
Ecclesia Versicherungsdienst GmbH
Klingenbergstr. 4, 32758 Detmold

Jorzig, Dr. Alexandra
Rechtsanwältin
Westenhellweg 40 – 46, 44137 Dortmund

Jungbecker, Dr. Rolf
Rechtsanwalt
Schreiberstr. 20, 79098 Freiburg

Karabiyik, Devya
DBV Winterthur
Frankfurter Str. 50, 65171 Wiesbaden

Keilbar, Dr. Fritz
Rechtsanwalt
Myliusstr. 15, 60323 Frankfurt/M.

Kienzle, Alexander
Rechtsreferendar
Prätoriusweg 8, 20255 Hamburg

Koll, Oliver
Zürich Versicherung AG
Riehler Str. 90, 50657 Köln

Külheim, Monica
DBV Winterthur
Frankfurter Str. 50, 65171 Wiesbaden

Lenzen, Dr. Rolf
Rechtsanwalt
Merlostr. 2, 50668 Köln

Lersch, Elmar
Rechtsanwalt
Zehnerstr. 29, 53498 Bad Breisig

Lodde, Dr. Paul
Rechtsanwalt
Westfalenstr. 173a, 48165 Münster

Lüken, Christian
Rechtsanwalt
Sebastianusstr. 2 – 4, 41460 Neuss

Lutterbeck, Christian
GVV-Kommunalversicherung
Aachener Str. 952 – 958, 50933 Köln

Maeder, Helmar
Rechtsanwalt
Hagedornstr. 22, 20149 Hamburg

Makiol, Hans-Joachim
Rechtsanwalt
Sebastianusstr. 2 - 4, 41460 Neuss

Martis, Rüdiger
Rechtsanwalt
Uferstr. 50, 73525 Schwäbisch Gmünd

Mathiesen, Verena
Rechtsanwältin
Sebastianusstr. 2 -4, 41460 Neuss

Mauer, Dr. Christine
ReIntra GmbH
Dieselstr. 11, 85774 Unterföhring

Maurer, Dr. Michael
Rechtsanwalt
Zehnthofstr. 9, 52349 Düren

Mertens, Anja
AOK Bundesverband
Kortrijker Str. 1, 53177 Bonn

Meyer, Hartwig
Rechtsanwalt
Buschkrugallee 53, 12359 Berlin

Meyerhans, Vera
Rechtsanwältin
Bahnstr. 1, 34431 Marsberg

Meyer-Küppers, Meike
AXA Versicherung AG
Colonia-Allee 10 – 20, 51067 Köln

Meyle, Rüdiger
Rechtsanwalt
Moltkestr. 10, 74072 Heilbronn

Michalcik, Martin
Rechtsanwalt
Gertrud-Piter-Platz 7, 14770 Brandenburg

Mohrmann, Sibylle
Versicherungskammer Bayern
Warngauerstr. 30, 81539 München

Möller, Dirk
Rechtsanwalt
Alter Markt 7, 42275 Wuppertal

Oppel, Dr. Uwe
Arzt für Orthopädie
Laarstr. 2 – 4, 58636 Iserlohn

Orth, Kristina
Bundesarbeitsgemeinschaft
Deutscher Kommunalversicherer
Aachener Str. 952- 958, 50933 Köln

Otto, Reinhold
Rechtsanwalt
Bahnstr. 1, 34431 Marsberg

Pardey, Frank
Richter am LG Braunschweig
Münzstr. 17, 38100 Braunschweig

Peltzer, Helmut
Rechtsanwalt
Rathenaustr. 2, 30159 Hannover

Pesch, Rainer
Rechtsanwalt
Poststr. 2, 01159 Dresden

Peters, Olaf
Kommunaler Schadenausgleich
Konrad-Wolf-Str. 91/92, 13055 Berlin

Petry, Michael
Ecclesia Versicherungsdienst GmbH
Klingenbergstr. 4, 32758 Detmold

Pörner, Marita
Gothaer Allgemeine Versicherung AG
Gothaer Allee 1, 50969 Köln

Puff-Drobny, Hans-Peter
Versicherungskammer Bayern
Maximilianstr. 53, 80530 München

Pünnel-Leonhard, Monika
Rechtsanwältin
Stengelstr. 1, 66117 Saarbrücken

Ratajczak, Dr. Thomas
Rechtsanwalt
Posener Str. 1, 71065 Sindelfingen

Rieck, Holger
AXA Versicherung AG
Colonia-Allee 10 – 20, 51067 Köln

Riepe, Wolfgang
Rechtsanwalt
Lange Str. 3, 38100 Braunschweig

Rulands, Heinz
Rechtsanwalt
Steinmetzstr. 20,41061 Mönchengladbach

Rumetsch, Virgilia
Rechtsanwältin
Amthausstr. 8, 79761 Waldshut

Rust, Helge
Rechtsanwalt
Wiener Platz 4, 51065 Köln

Sauerborn, Jürgen
Rechtsanwalt
Flach-Fengler-Str. 68, 50389 Wesseling

Schabram, Peter
Rechtsanwalt
Zasiusstr. 42, 79102 Freiburg i. Br.

Schallemacher, Dr. Rainer
Rechtsanwalt
Schwanallee 10, 35037 Marburg

Schichtel, Silke
AXA Versicherung AG
Colonia-Allee 10 – 20, 51067 Köln

Schleich, Hans
ReIntra GmbH
Dieselstr. 11, 85774 Unterföhring

Schmidt-Westphal, Dr. Oliver
Rechtsanwalt
Wiener Platz 4, 51065 Köln

Schnoor, Dipl.-Med. Torsten
MDK Mecklenburg-Vorpommern
Lessingstr. 31, 19059 Schwerin

Scholten, Peter
Rechtsanwalt
Königstr. 52, 47051 Duisburg

Schwarze, Bernd
Rechtsanwalt
Beethovenstr. 5 – 13 50674 Köln

Schwarz-Schilling, Gabriela
Rechtsanwältin
Marburger Str. 2, 57223 Kreuztal

Selbitz, Andreas
Rechtsanwalt
Rathausgasse 22 – 24, 53111 Bonn

Sessel, Alexander
Rechtsanwalt
Quagliostr. 7, 81543 München

Singer, Dr. med. Ingeborg
MDK Bayern
Würzburger Landstr. 7, 91522 Ansbach

Smets, Matthias
AXA Versicherung AG
Colonia-Allee 10 – 20, 51067 Köln

Stange, Hardy
Bundesarbeitsgemeinschaft
Deutscher Kommunalversicherer
Aachener Str. 952- 958, 50933 Köln

Stegers, Christoph-M.
Rechtsanwalt
Märkisches Ufer 28, 10179 Berlin

Strauß, Anja
Zürich Versicherung AG
Riehler Str. 90, 50657 Köln

Tadayon, Ajang
Rechtsanwalt
Kurfürstenstr. 31, 14467 Potsdam

Teichner, Matthias
Rechtsanwalt
Neuer Wall 18, 20354 Hamburg

Teipel, Frank
Rechtsanwalt und Notar
Bundesplatz 8, 10715 Berlin

Tholen, Heiner
Rechtsanwalt
Gaststr. 18, 26122 Oldenburg

Thomas, Till
Rechtsanwalt
Windthorststr. 17, 99096 Erfurt

Ulsperger, Ute
HDI-Gerling Firmen und Privat
Versicherung AG
Kaiser-Wilhelm-Ring 3, 50672 Köln

Uphoff, Dr. Roland
Rechtsanwalt
Heinrich-von-Kleist-Str. 4, 53113 Bonn

Urschbach, Dr. Roland
Rechtsanwalt
Adam-Karrillon-Str. 23, 55118 Mainz

Vierling, Anke
Zürich Versicherung AG
Riehler Str. 90, 50657 Köln

Vollenberg, Willi
Rechtsanwalt
Kettwiger Str. 20, 45127 Essen

Wagner, Dorothea
Rechtsanwältin
Rudolf-Virchow-Str. 11, 56073 Koblenz

Wandl, Dr. Ursula
ReIntra GmbH
Dieselstr. 11, 85774 Unterföhring

Weller, Anja
Rechtsanwältin
Marburger Str. 2, 57223 Kreuztal

Weltin, Mechthild
Rechtsanwältin
Königsallee 14, 40212 Düsseldorf

Wenzel, Dr. Frank
Rechtsanwalt
Am Hof 34 – 36, 50667 Köln

Wiegand, Jochen
Rechtsanwalt
Leopoldstr. 10, 44147 Dortmund

Wiesener, Dr. Jan
Rechtsanwalt
Ottostr. 1, 80333 München

Winkhart-Martis, Martina
Rechtsanwältin
Posener Str. 1, 71065 Sindelfingen

Winter, Prof. Dr. Ulrich
Frintroper Str. 42, 45359 Essen

Wostry, Harald
Rechtsanwalt
Zweigartstr. 55, 45130 Essen

Zimmer, Holger
Ecclesia Versicherungsdienst GmbH
Klingenbergstr. 4, 32758 Detmold

Zimmer-Mertes, Gudrun
DBV Winterthur
Frankfurter Str. 50, 65171 Wiesbaden

Arbeitsgemeinschaft Rechtsanwälte im Medizinrecht e.V.

Gutachterkommissionen
und Schlichtungsstellen
Anspruch, Praxis, Perspektiven
1990. X, 174 S.
ISBN 978-3-540-52774-9

Die ärztliche Behandlung
im Spannungsfeld zwischen
kassenärztlicher Verantwortung
und zivilrechtlicher Haftung
1992. VIII, 144 S.
ISBN 978-3-540-55438-7

Die Budgetierung
des Gesundheitswesens
Wo bleibt der medizinische Standard?
1997. X, 163 S.
ISBN 978-3-540-63071-5

Zulassung und Praxisverkauf
Ist das GSG partiell verfassungswidrig?
1997. VIII, 199 S.
ISBN 978-3-540-63502-4

Arzneimittel und Medizinprodukte
Neue Risiken für Arzt, Hersteller
und Versicherer
1997. XII, 201 S.
ISBN 978-3-540-63500-0

Krankenhaus im Brennpunkt
Risiken – Haftung – Management
1997. VIII, 194 S.
ISBN 978-3-540-63505-5

Medizinische Notwendigkeit
und Ethik
Gesundheitschancen in Zeiten
der Ressourcenknappheit
1999. VIII, 187 S.
ISBN 978-3-540-64855-0

Medizin und Strafrecht
Strafrechtliche Verantwortung
in Klinik und Praxis
2000. VIII, 189 S.
ISBN 978-3-540-66631-8

Risiko Aufklärung
Schmerzensgeld trotz
Behandlungserfolg – Wohin führt
die Rechtsprechung?
2001. XII, 180 S.
ISBN 978-3-540-41765-1

Waffen-Gleichheit
Das Recht in der Arzthaftung
2002. X, 177 S.
ISBN 978-3-540-41800-9

Leitlinien, Richtlinien und Gesetz
Wieviel Reglementierung verträgt
das Arzt-Patienten-Verhältnis
2003. X, 157 S.
ISBN 978-3-540-00039-6

Ärztliche Behandlung
an der Grenze des Lebens
Heilauftrag zwischen Patientenautonomie
und Kostenverantwortung
2004. X, 199 S.
ISBN 978-3-540-20570-8

Globalisierung in der Medizin
Der Einbruch der Kulturen
in das deutsche Gesundheitswesen
2005. X, 176 S.
ISBN 978-3-540-23486-9

Arzthaftungsrecht – Rechtspraxis
und Perspektiven
2006. IX, 193 S.
ISBN 978-3-540-28418-5

Dokumentation und Leitlinien-
konkurrenz – die Verschriftlichung
der Medizin
2007. X, 143 S.
ISBN 978-3-540-46565-2

Arzneimittelsicherheit –
Wunsch und Wirklichkeit
2008. X, 138 S.
ISBN 978-3-540-76293-5

FSC
www.fsc.org
MIX
Papier | Fördert
gute Waldnutzung
FSC® C083411

Kolibri 360 GmbH
Ferdinand-Jühlke-Straße 7
99095 Erfurt, Deutschland
produktsicherheit@kolibri360.de